U0800167

铁路通信传输网案例集

刘　锐　杨　洁　赵冬冬　主编

中国铁道出版社有限公司

2024年·北　京

内 容 简 介

全书分为运行维护篇、工程施工篇、附属设备篇，主要包括故障倒换类、设备环境类、单板硬件类、线路故障类、网元通信类、工程配置类、网络优化类、华为 BITS、华为 NCE 网管系统等案例。

本书可作为通信专业相关岗位人员培训用书，也可供相关院校学生学习参考。

图书在版编目（CIP）数据

铁路通信传输网案例集 / 刘锐，杨洁，赵冬冬主编. 北京 ：中国铁道出版社有限公司，2024. 12. -- ISBN 978-7-113-31739-3

Ⅰ. U285.5

中国国家版本馆 CIP 数据核字第 2024MY7371 号

书　　名：铁路通信传输网案例集
作　　者：刘　锐　杨　洁　赵冬冬

策　　划：朱敏洁
责任编辑：亢嘉豪　　　　**编辑部电话：**（010）51873134
封面设计：刘　莎
责任校对：苗　丹
责任印制：高春晓

出版发行：中国铁道出版社有限公司（100054，北京市西城区右安门西街 8 号）
网　　址：https://www.tdpress.com
印　　刷：天津嘉恒印务有限公司
版　　次：2024 年 12 月第 1 版　2024 年 12 月第 1 次印刷
开　　本：787 mm×1 092 mm　1/16　**印张：**8.25　**字数：**204 千
书　　号：ISBN 978-7-113-31739-3
定　　价：50.00 元

版权所有　侵权必究

凡购买铁道版图书，如有印制质量问题，请与本社读者服务部联系调换。电话：（010）51873174

打击盗版举报电话：（010）63549461

编审委员会

主　编： 刘　锐　杨　洁　赵冬冬

副主编： 陈剑霞　常津宁　郭喜莹

编委会： 何海洋　张　旭　谢　宁　刘清涛　滕　蕾
平玉龙　赵　巍　胡　新　张军祥　任　静
刘伟川　王子昂　邹聪聪　朱述源　舒　楠
李　瑞　栗铭恺　郭　欣　孙　昱　汪　旭
张　勇　王　茂　田　浩　牛凤平　石　祺
郭　晶　赵明新

审　稿： 郭桂芳　高印铭　张卫军　赵武元

前　言

铁路通信传输网作为铁路通信承载网络和铁路运输生产体系的神经系统，是铁路信息化、数字化、现代化、智能化的关键载体，为运输生产和经营管理提供列车控制（TDCS/CTC）、调度指挥、客票、综合计算机网、会议电视、应急通信、铁路综合视频监控等话音、数据和图像通信业务承载，在保障列车运行指挥、运输生产组织、服务经营管理、提高运输效率等方面发挥着不可替代的作用。

近年来，铁路通信骨干传输网成功完成装备升级迭代，由基于传统SDH/DWDM技术的骨干传输网五大环更新改造为基于MSTP/OTN技术的骨干传输网六大环。目前系统容量为10G/100G（混传）×40波，全网平均通道能力达700 Gbit/s，运营总里程超过7.8万km。铁路通信骨干传输网设有各局集团公司所在地、省会城市、枢纽大站节点，与局干汇聚层节点有机融合，再延伸接入层铁路沿线节点，实现国铁集团、铁路局集团公司、车站、沿线铁路通信光传输网络的全覆盖，成为世界上网络运营里程最长、覆盖范围最广、指挥体系最完整的企业专用网络，同时给铁路通信网运营维护带来相应的难度与挑战。

本书立足于多年来铁路骨干传输网、局干传输网运行维护实际情况，旨在提升铁路通信运维人员维护水平，保障铁路通信网安全稳定运行，总结运维实践中的维护经验和处理方法。全书分为运行维护篇、工程施工篇、附属设备篇，涵盖了故障倒换类、设备环境类、单板硬件类、线路故障类、网元通信类、工程配置类、网络优化类、华为BITS、华为NCE网管系统等案例，溯本清源、环环相扣，使读者加深对铁路通信原理的理解。

在本书编写过程中，华为技术有限公司、中兴通讯股份有限公司、河北华恒信通信技术有限公司、北京德宝信通科技有限公司均提出了宝贵建议，在此一并表示衷心感谢。

由于编者水平有限，书中难免有遗漏和不足之处，诚请读者批评指正。

编　者

2024年9月

目　　录

第一篇　运行维护篇

第一章　故障倒换类

案例 1　华为 OTN 网络光线路保护工作通道故障，不能自动倒换到保护通道

一、问题描述

某局点 OTN 网络正常运行过程中，工作通道产生触发保护倒换的条件，但业务无法自动倒换到保护通道上，导致业务中断。

二、组网介绍

站间信号流如图 1-1 所示。

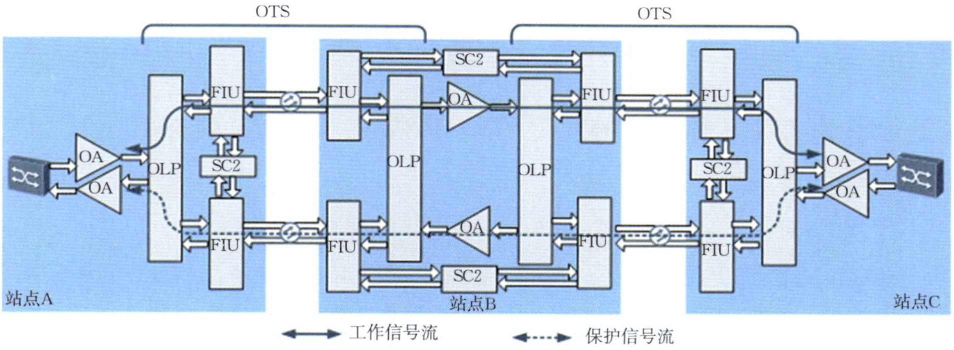

图 1-1　站间信号流示意图

三、问题分析

光线路保护不能自动倒换的可能原因如下：

1. 保护组参数配置错误。
2. 实施了锁定倒换或强制倒换命令。
3. 单板光纤连接错误。
4. 保护通道出现故障。

四、处理过程

1. 保护组参数配置错误

(1)在网元管理器中单击“网元”，在功能树中选择“配置”→“端口保护”；

(2)在“端口保护”界面中单击“查询”，查询保护组各参数值，将各参数值与配置原则和要求进行比较，检查参数配置是否有误。

2. 实施了锁定倒换或强制倒换命令

(1)在"端口保护"界面中单击"查询",查询保护组"倒换状态";

(2)如果当前状态为"锁定"或"强制倒换到工作通道",单击"功能",选择"清除",清除锁定倒换或强制倒换命令。

3. 单板光纤连接错误

参照原理描述介绍的保护原理内容,检查故障点两端站点 OLP 单板的 1(RI1/TO1)光口、2(RI2/TO2)光口的光纤连接是否正确。

4. 保护通道出现故障

(1)在"端口保护"界面中单击"查询",查询保护组"保护通道状态";

(2)如果保护通道状态为"SF"时,检查对应单板是否存在如下告警:MUT _ LOS、POWER _ DIFF _ OVER。

五、总结建议

当光线路保护的工作通道出现故障时,如果不能自动倒换到保护通道,优先检查保护配置,再检查光纤连接,最后检查保护通道状态,如果以上措施无法使业务倒换到保护通道,且保护通道状态为"正常",则需对保护组实施"强制倒换",将业务倒换到保护通道,恢复业务。

案例 2 华为 OTN 网络 ODU*k* SNCP 保护倒换结束未倒回工作通道

一、问题描述

某号环 OTN 系统铁路局集团公司站点 OptiX OSN8800 设备配置 ODU*k* SNCP 保护。某日,网管运维人员发现,该网络发生 ODU*k* SNCP 保护倒换,但网络恢复正常后,网管查询,光功率恢复正常,对应的 NQ2 单板光口上仍有 ODU _ SNCP _ PS 告警,业务一直没有倒换回工作通道。

二、组网介绍

OTN 组网如图 1-2 所示。

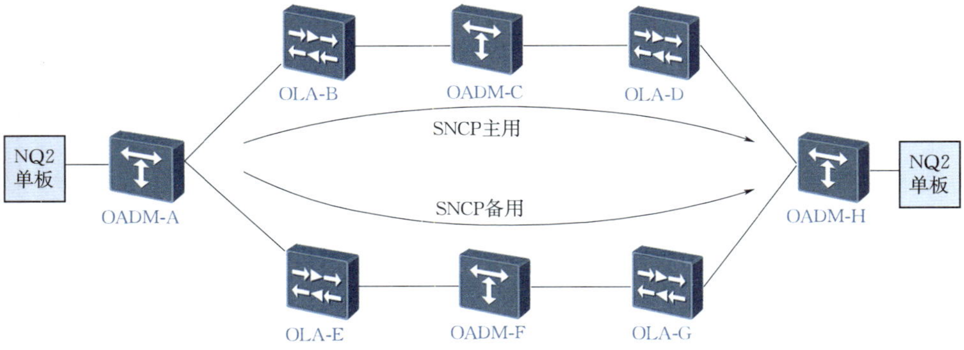

图 1-2 OTN 组网示意图

三、问题分析

NQ2 单板光口上产生 ODU _ SNCP _ PS 告警的可能原因如下：

1. 检查 ODUk SNCP 业务的恢复方式是否设置为非恢复式。
2. 光缆异常。
3. 业务配置异常。
4. NQ2 单板故障。
5. 下插 LCK 信号，导致保护误判。

四、处理过程

1. 查询 OTN 系统环路上主备用光路的收光功率，确认光缆一切正常。

2. 在网管上检查 ODUk SNCP 业务的恢复方式是否设置为非恢复式，如果是，则修改为恢复式，系统会在等待恢复时间后恢复工作通道，也可手动切换至工作通道，再执行清除操作。

3. 重新检查业务配置，按信号流顺序在各个站点都配置穿通，告警依然存在。

4. 更换上报 ODU _ SNCP _ PS 告警的 NQ2 单板，告警依然存在。

5. 采集并分析故障数据，发现 NQ2 单板上除了 ODU _ SNCP _ PS 告警外，还上报次要告警 ODU1 _ PM _ LCK。系统可检测 ODU1 _ PM _ LCK 告警，作为 ODUk SNCP 保护的倒换触发条件之一。

6. 将对端单板的“LCK 插入”设置为“不使能”，不向对端单板下插 LCK 信号，之后告警消失，问题解决。

五、总结建议

1. 后续进行 ODUk SNCP 保护业务配置时，须格外注意恢复方式的设置，OTN 系统默认为恢复式，但仍应在配置时确认，避免因配置导致告警现象的发生。

2. ODUk SNCP 保护将一些次要告警也纳入换触发条件。因此处理问题时，不能仅关注紧急告警和主要告警，次要告警也需要注意。此案例中的 LCK 字节维护信号是基于运营者的要求，多用于测试时锁定用户接入点信号，通过服务层适配宿和源功能而产生。

案例 3　华为 OTN 网络备用通道中断倒纤恢复过程不合理造成多站 OLP 保护倒换

一、问题描述

某局点两个 OTN 网元间备用光通道发生中断，现场立即倒纤恢复备用通道，倒纤后发现 OLP 备用通道光功率过高，触发了 OLP 保护倒换，随即中断备用通道并在 OLP 收口添加光衰耗器，此时同一 OMS 段内其他 OTN 网元同时产生 OLP 保护倒换。

二、组网介绍

OTN 设备 OMS 段组网如图 1-3 所示。

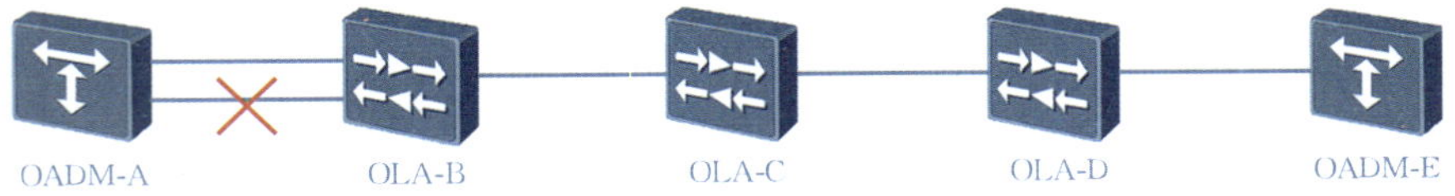

图 1-3　OTN 设备 OMS 段组网示意图

三、问题分析

A—E 站点为网络中的 1 个 OMS 段采用线路侧 OLP 保护(OTS1＋1),A—B 站点间备用光缆突发中断。现场人员进行备用通道倒纤恢复后,由于备用光通道光功率过高,触发了 A—B 站点的 OLP 保护倒换。

现场人员发现备用光功率过强后即刻又将备用光通道中断添加光衰耗器,此时 A 站点、B 站点间正常上报备用光通道 MUT _ LOS 告警,由于主用光通道正处于 SF 态,还未倒回到完成态,备用通道中断后无法瞬间倒回到主用通道。

下游站点 C—B 站点间主备通道瞬间同时光功率降级,造成从 C 站点到 E 站点间的其他站点收 A 站点方向的 OLP 单板同时上报 OLP _ STA _ INDI 和 OLP _ PS 告警,即整个光复用段 A—E 站同时产生 OLP 保护倒换。

单纯备用通道的中断不应该造成 OLP 的保护倒换事件发生,由于倒纤恢复备用通道光功率过高造成 OLP 主备倒换,立即中断备用通道添加光衰耗器又造成其余站点同时发生主备倒换事件。

四、处理过程

1. 网管发现 A—B 站点间备用通道光功率,最小性能值降为－60 dBm, A 站点、B 站点同时上报 OLP _ STA _ INDI、MUT _ LOS 告警,显示备用通道中断。

2. 通知铁路局集团公司立即进行处理,现场人员倒纤恢复备用光通道后,查询到网管数据(如图 1-4 所示)。备用通道性能值倒纤后变为－9.7 dBm,比主用光通道－15.7 dBm 高出 6 个 dB,A 站、B 站主用通道同时上报 OLP _ STA _ INDI 和 OLP _ PS 告警,触发了主备用光通道的 OLP 保护倒换。

	性能事件	监视周期	结束时间	最大性能值	当前性能值	最小性能值
主用	总输入光功率最近值(dBm)	24小时	05/19/2020 15:00:00	-15.70	-15.70	-15.70
备用	总输入光功率最近值(dBm)	24小时	05/19/2020 15:00:00	-9.70	-15.00	-60.00

图 1-4　性能查询示意图

3. 现场发现备用通道光功率过高后,立即中断备用通道进行添加光衰耗器处理,此操作造成尚在 SF 态的主用通道无法立即倒回,瞬间下游站点收 A 站方向的主备用光功率同时降级,造成下游站点触发 OLP 保护倒换。

4. 当 A—B 站点间主用通道倒换结束后,所有下游站点倒换结束。

五、总结建议

1. 建议现场严格记录主备用光缆及倒代光缆具体衰耗值，如果在备用通道中断的情况下倒纤恢复，倒代纤芯质量高于主用光通道纤芯时，一定要在 OLP 前端插入适当的光衰耗器，以免触发 OLP 保护倒换。

2. 在主用通道处于 SF 态时，如果备用通道光功率过高，不要人为断开备用通道光纤进行光功率调整工作，应在网管上对 OLP 前端的 VA1 衰耗值进行调节，以免造成备用通道中断，主用通道瞬间又无法倒回的情况出现。

3. 如果现场人员无法确定倒代光缆质量情况，网管也可以提前将 OLP 通道锁定在主用通道，以免备用通道光功率过高触发保护倒换，影响客户侧业务使用。

案例 4　华为 OTN 网络 ODU*k* SNCP 保护的工作通道故障，不能自动倒换到保护通道

一、问题描述

某局点在网络正常运行过程中，工作通道产生了触发保护倒换的条件，但业务无法自动倒换到保护通道上，导致业务中断。

二、组网介绍

站间信号流如图 1-5 所示。

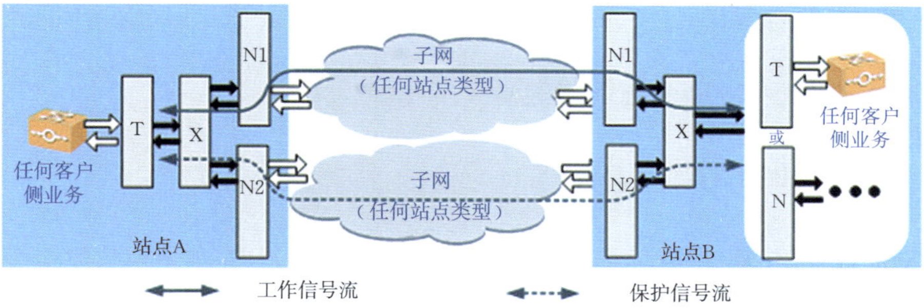

图 1-5　站间信号流

三、问题分析

ODU*k* SNCP 保护不能自动倒换的可能原因如下：

1. SNCP 类型与业务场景要求不一致。
2. 保护组参数配置错误。
3. 实施了锁定倒换或强制倒换命令。
4. 电交叉业务配置错误。
5. 保护通道出现故障。
6. 线路板故障。

四、处理过程

1. SNCP 类型与业务场景要求不一致

(1)在网元管理器中单击网元,在功能树中选择“配置”→“WDM 业务管理”,单击 “SNCP 业务控制”选项卡。

(2)在“SNCP 业务控制”界面底部单击“查询”,查询保护组的“保护类型”。在“操作结果”对话框中,单击“关闭”。

(3)参照配置要求,判断保护组的“保护类型”是否适用于业务场景。

2. 保护组参数配置错误

(1)在“SNCP 业务控制”界面底部单击“查询”,查询保护组各参数值。

(2)将各参数值与配置原则和要求进行比较,检查参数配置是否有误。

3. 实施了锁定倒换或强制倒换命令

(1)在“SNCP 业务控制”界面中,单击“查询”,查询保护组当前状态。

(2)如果当前状态为“锁定”或“强制(保护到工作)倒换状态”,单击“功能”选择“清除”,清除锁定倒换或强制倒换命令。

4. 电交叉业务配置错误

(1)在网元管理器中单击网元,在功能树中选择“配置”→“WDM 业务管理”。

(2)在“WDM 交叉配置”界面底部单击“查询”,查询已经创建的交叉业务。

(3)根据网络设计,检查源端配置的双发交叉业务源、宿端口是否正确。

5. 保护通道出现故障

(1)在“SNCP 业务控制”界面底部单击“查询”,查询保护交叉的路径状态。

(2)如果路径状态为“SD”“SF”时,检查单板是否存在触发条件中的告警,清除告警。

6. 线路板故障

(1)将业务强制倒换到保护通道,恢复业务。

(2)更换故障线路板。

五、总结建议

当 SNCP 保护组的工作通道或保护通道故障无法及时恢复时(如更换故障单板),此时业务可能长时间处于无保护状态。为避免网络发生二次故障而影响业务正常使用,建议使用 SNCP 业务与普通 WDM 业务转换功能。将有故障的 SNCP 业务转换为普通 WDM 业务,再利用现网正常空闲的波道或通道,将普通 WDM 业务转换为该故障业务的保护通道,使该业务具有保护能力。当原故障通道问题恢复后,再进行 SNCP 业务与普通 WDM 业务的转换,将 SNCP 的工作通道和保护通道恢复到故障之前。

案例 5　OTN 网络 OAU 单板内部 PAOUT 光功率瞬降造成 SDH 环网倒换

一、问题描述

全路骨干 SDH 1-1 环(A—B 站点)、SDH 2-1 环(C—D 站点)同时发生复用段环倒换,如

图 1-6 所示，承载该 SDH 环网的 OTN 设备未上报任何告警。

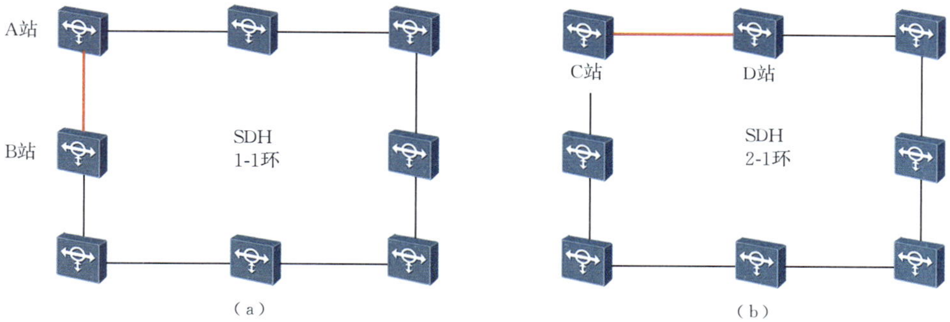

图 1-6　SDH 组网示意图

二、组网介绍

OTN 组网如图 1-7 所示。

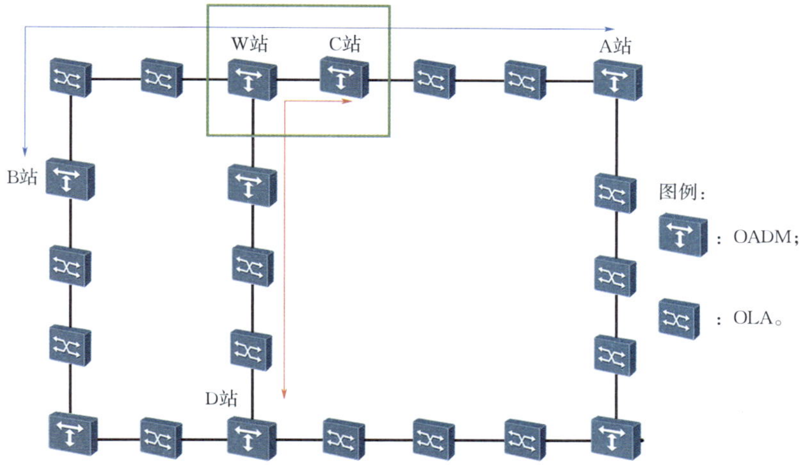

图 1-7　OTN 组网示意图

三、问题分析

全路现行骨干 SDH 环网的组网方式为 4 纤双向复用段保护环，SDH 两点之间主备光通道基本采用 OTN 两波不同的 10 G 波道承载，也有一小部分局间 SDH 主备光通道采用主备异缆光纤直连的方式。本次 SDH 环网倒换采用的是 OTN 两个单波 10G 通道承载方式。

查询当时 SDH 1-1 环(A—B 站点)、SDH 2-1 环(C—D 站点)间瞬报的告警均为 R-LOF 和 MS_APS_INDI_EX 告警，A—B 站点、C—D 站点间发生了 SDH 环倒换，并立即倒换恢复。由于 SDH 组网相邻两站点间主备通道是由不同波长不同端口的 OTN 设备承载，同时发生故障的概率很小，判断为 OTN 承载网线路侧问题造成主备波道瞬间中断。

全路骨干 OTN 组网保护是由光线路 OLP 1+1 保护构成，在径路 A—B 间和径路 C—D 间未发现 OLP 保护倒换告警，查询 OLP 历史光功率性能值也未发生变化。

四、处理过程

1. 网管查询 A—B、C—D 间 OLP 主备光功率当前值和历史性能值正常，未产生变化。

2. 网管查询 OTN 侧，A、B、C、D 站点对应接 SDH 的 TQX 单板端口未上报任何告警。

3. 结合 OTN 径路中 A—B、C—D 间共有的径路，查询 W 站点和 C 站点两站光放大板时发现，W 站点收 C 站点方向 14 号 OAU 单板 PAOUT 口性能值瞬降为－60 dBm。

4. 查询网管历史性能，如图 1-8 所示，W 站点 14 号 OAU 单板 IN 口输入光功率正常，而 PAOUT 输出口光功率瞬降为－60 dBm，造成 OAU 内部的 BAIN 口和 OUT 口光功率也瞬降到－60 dBm，从而造成 OTN 系统中 W—C 之间主光通道瞬间中断，引起承载 SDH 1-1 环、2-1 环相应波道瞬间中断并发生复用段环倒换。

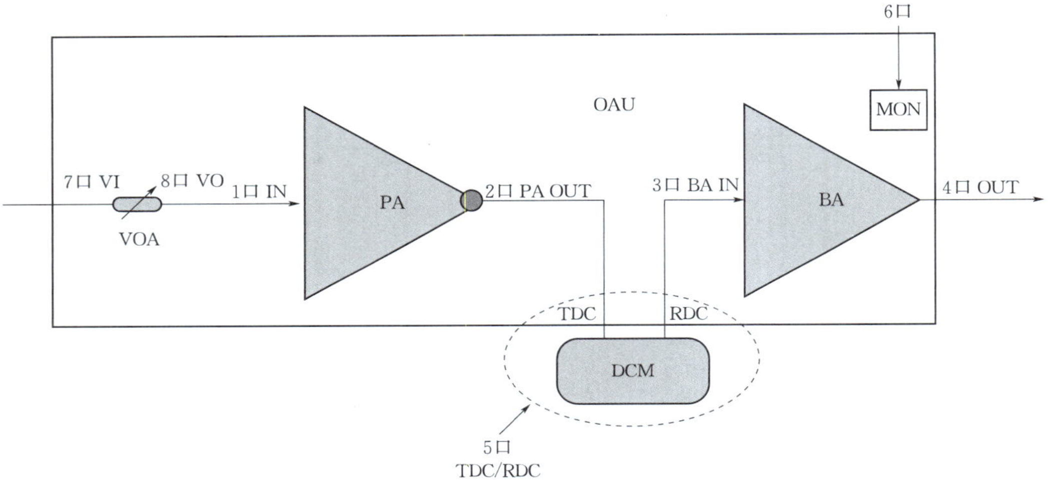

图 1-8　OAU 单板内部结构

5. 通知相关铁路局集团公司要点更换 W 站点 14 号 OAU 单板，解决潜在的安全隐患。

五、总结建议

1. 当多个 SDH 环网出现环倒换而 OTN 层面没有紧急告警产生的障碍时，应该关注 OAU 单板内部接口的光功率变化，关注 OTN 线路侧 NS4 单板的性能变化，从而发现故障问题。

2. OTN 设备光纤连接如图 1-9 所示，其中 OAU 单板位于 OLP 单板之后，如果 OAU 单板内部的 PAOUT、BAIN 接口发生瞬间光功率降级的故障，OLP 是无法感知到光功率的变化而上报告警。从紧急告警上也就无法第一时间判断出 OTN 层的障碍位置，可以根据 SDH 环网倒换的位置判断定位 OTN 侧的障碍。

3. 如果两个或两个以上 SDH 环网瞬间发生环倒换事件，可以根据每个环网两点间不同径路的共用节点进行判断筛选，例如此障碍中的 W 站点和 C 站点就为共用节点，从而快速查找定位出故障点。

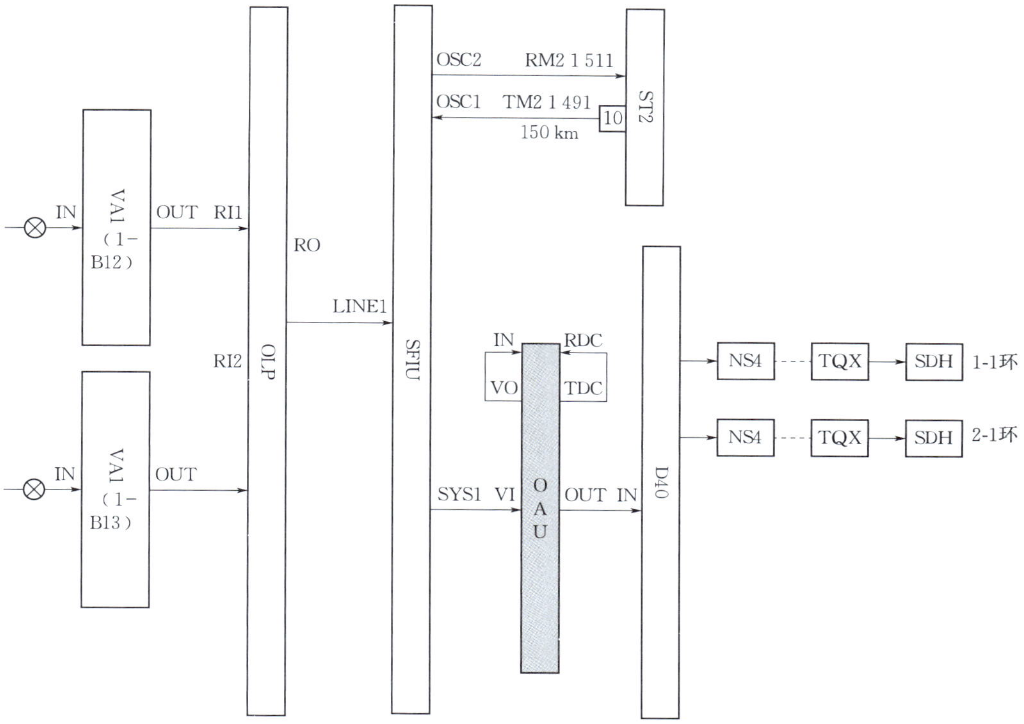

图 1-9　单站设备内部光纤连接图

案例 6　中兴 OTN 网络光监控通道光功率过高导致 SOP 倒换失败

一、问题描述

某 8700 网络，配置为 OA 非冗余光层保护，网管上配置光层保护组后做倒换测试，在拔掉 RI _ IN1 端口光纤后，SOP 未发生保护倒换。由于网络要传送 1588V2 时钟，监控光配置为单纤双向。

二、组网介绍

站间配置如图 1-10 所示。

三、问题分析

SOP 未发生保护倒换，可能的原因如下：

1. 保护组配置错误。
2. SOP 单板故障。
3. 相对光功率差值达不到倒换条件。

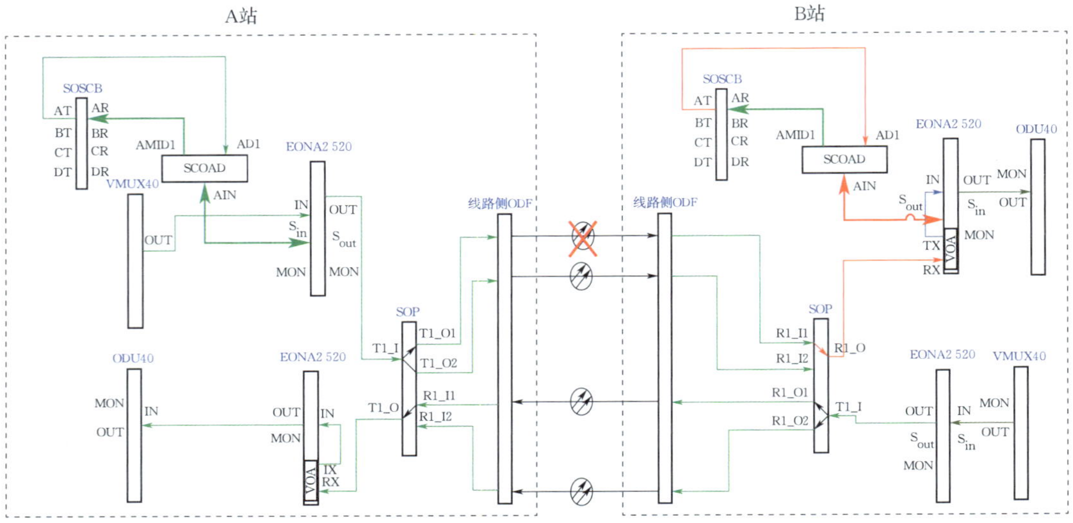

图 1-10　站间配置

四、处理过程

1. 检查网管保护组参数配置，发现并无问题。

2. 本次倒换测试的 SOP 单板为新发货单板，拔出单板后观察硬件结构无明显问题，且单板运行指示灯正常，暂时排除单板故障。

3. 相对光功率差值达不到倒换条件。经网管排查发现，未拔掉 RI _ IN1 端口光纤时，主备路径收光均为－6 dBm 左右，拔掉 RI _ IN1 口光纤后，发现工作路径光功率变为－10 dBm，主备路径差距不到 5 dB，故未发生倒换。

4. 正常情况下，拔掉 R1 _ IN1 端口的光纤，网管上收光应该显示低门限，SOP 发生倒换。但现场拔掉 R1 _ IN1 端口后，网管上仍能查询到收光，故考虑由 RI _ O 端口→RI _ IN1 端口这个方向是否有光（正常情况下应无光）。综合考虑，业务光不可能存在，如果有光则一定是监控光。

5. 查看光纤连接关系，监控光是单纤双向配置。图 1-10 中 B 站点送往 A 站点的监控光沿图中红色线路径送到了 B 站点 SOP 板的 RI _ IN1 口，RI _ IN1 口此时检测到监控光功率，其分辨不出监控光和业务光，只能识别功率，由于与备用端口光功率没有达到倒换启动差值，故未倒换。

6. 由于这两个站很近，监控光余量很大，在右侧站点收方向光放大板 SOUT 口插入 5 dB 衰耗器，再次测试，RI _ IN1 口检测到的功率下降 5 dB，倒换成功。

五、总结建议

1. 业务光波长和监控光波长不一致，可以在同一根光纤中传输且方向不同。而 SOP 单板可以检测到监控光功率，且光功率检测不会考虑光的方向，故监控光与业务光反向传送可能导致保护倒换失败。

2. SOP 单板和光放大板（合入/分离监控光）都是纯光器件，纯光器件的特性是光可以双向走通，既可以从 IN 口输入、OUT 口输出，也可以从 OUT 口输入、IN 口输出。

案例 7　中兴 OTN 网络 APSPCC 开销错误导致 APS 协议无响应告警

一、问题描述

某 8700 100G 网络，配置电层保护的 LS4 单板上报“APS 协议无响应”告警，如图 1-11 所示。

网元内定位	告警码
LS4-192.10000/192.10000[0-4-32]-PG:2147483649	APS协议无响应告警(6575)
LS4-192.10000/192.10000[0-4-32]-PG:2147483652	APS协议无响应告警(6575)
LS4-192.10000/192.10000[0-4-32]-PG:2147484346	APS协议无响应告警(6575)

图 1-11　单板告警示意图(1)

将告警清除后，刷新仍然上报，如图 1-12 所示。

网元内定位	告警码
LS4-192.10000/192.10000[0-4-32]-PG:2147483649[redacted]100G OTM-LS4-192.10000/192.10000[0-4-32]-ODU调度接收端口:1)	APS协议无响应告警(6575)
LS4-192.10000/192.10000[0-4-32]-PG:2147483652[redacted]100G OTM-LS4-192.10000/192.10000[0-4-32]-ODU调度接收端口:9)	APS协议无响应告警(6575)
LS4-192.10000/192.10000[0-4-32]-PG:2147484346[redacted]100G OTM-LS4-192.10000/192.10000[0-4-32]-ODU调度接收端口:41)	APS协议无响应告警(6575)

图 1-12　单板告警示意图(2)

二、组网介绍

ZXONE 8700 设备组成环网如图 1-13 所示。

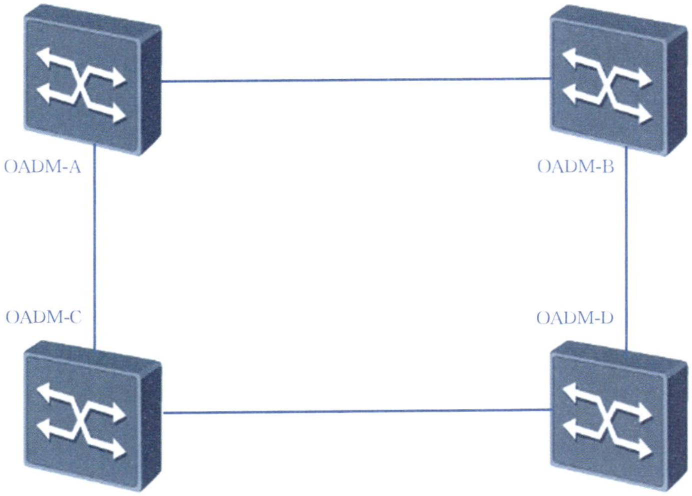

图 1-13　ZXONE 8700 设备组成环网示意图

三、问题分析

该网络均为双向倒换的电层保护组，而双向倒换的信令是通过保护路径线路侧单板的

TCM5 字节进行传递的。因此，保护路径的 LS4 调度端口需要在 TCM5 层使能 APS/PCC 开销，如图 1-14 所示，而且只有保护路径的首尾 LS4 端口需要使能，工作路径 LS4 端口以及电中继站点 LS4 端口不能使能。检查发现上报告警的端口是某些业务的保护路径 LS4 调度端口，没有使能 APS/PCC 开销。

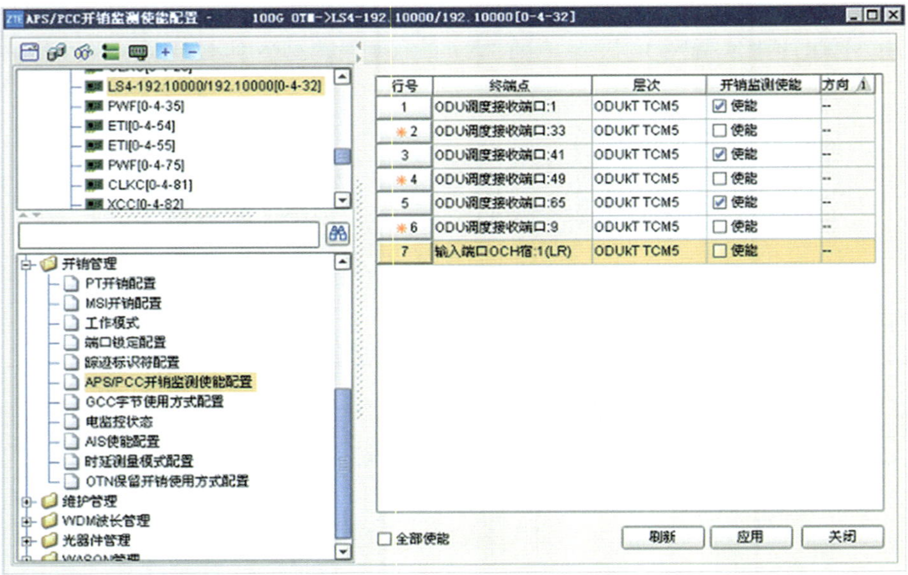

图 1-14　网管配置示意图

四、处理过程

将 APS/PCC 开销使能不正确的端口勾选使能，并巡检全网 LS4 的调度端口 APS/PCC 开销配置，修改不正确的配置，随后“APS 协议无响应”告警消失。

五、总结建议

对于 8700 分布式双向保护，保护路径的 LS4 调度端口需要在 TCM5 层使能 APS/PCC 开销，而且只有保护路径的首尾 LS4 端口需要使能，工作路径 LS4 端口以及电中继站点 LS4 端口不能使能。

案例 8　中兴 OTN 网络 OP 保护组状态和 SOP 单板倒换状态不一致故障

一、问题描述

某局地区网，配置客户侧端口冗余的 OP 1+1 保护，在保护路径光缆中断后，4 条业务中断，工作路径和保护路径业务单板 OAC 侧上报 Link Remote 告警。

二、组网介绍

客户侧 OP 1+1 保护类型如图 1-15 所示。

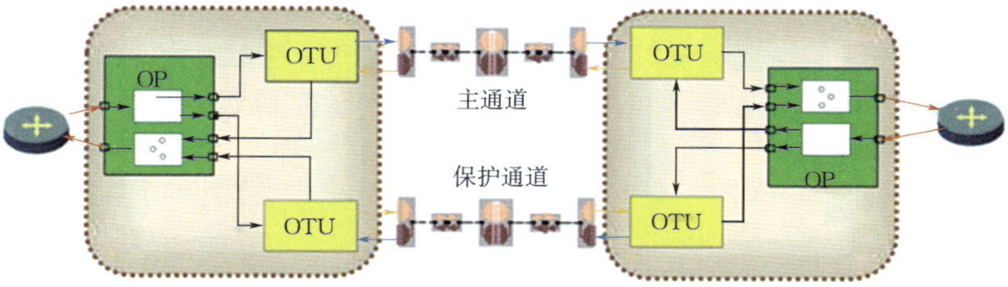

图 1-15　客户侧 OP 1+1 保护类型示意图

三、问题分析

1. 查看 OP 保护组状态，发现 OP 保护组保护路径 SF 工作路径良好，处于 Clear Switch（清除开关）状态，工作路径业务单板性能均正常。

2. 查看 SOP 单板倒换状态，发现处于倒换状态。

3. SOP 单板倒换状态和保护组的倒换状态不一致。

四、处理过程

检查现网所有保护组状态和 SOP 单板的倒换状态，修改所有保护组状态为 Clear Switch（清除开关）状态，如图 1-16 所示。将 SOP 单板的倒换状态修改为 Free State（自由），如图 1-17 所示。同时告知现场维护人员，在配置保护组的情况下不要通过切换 SOP 单板的开关进行保护倒换。

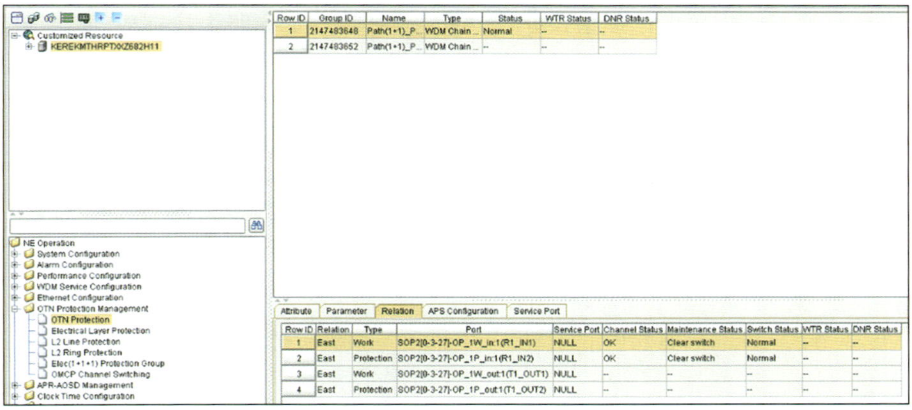

图 1-16　网管配置(1)

五、总结建议

OTN 网络配置 OP 1+1 保护时，OP 保护组状态和 SOP 单板保护倒换配置要进行一致性校验。OP 保护组状态使能，网管侧和设备侧数据一致。

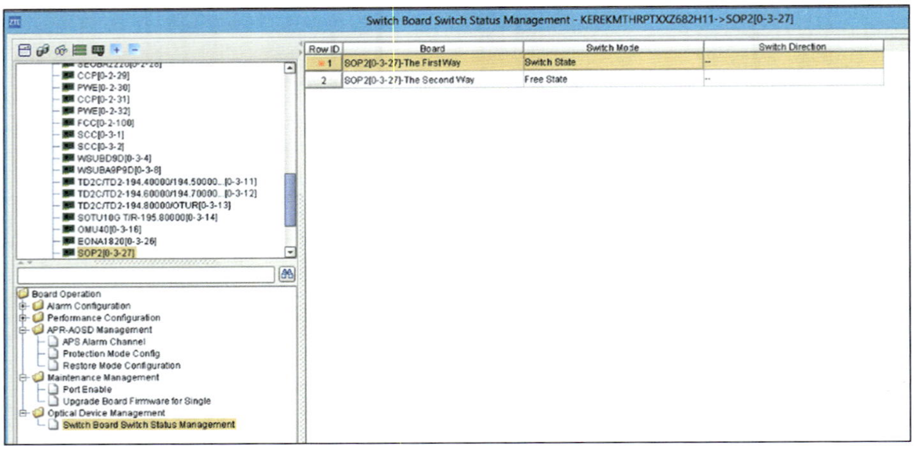

图 1-17　网管配置(2)

案例 9　华为 MSTP 线性复用段频繁闪上倒换告警

一、问题描述

网元 A 上报 APS _ INDI 告警，并伴随 B2 _ SD 告警，运行一段时间后，告警消失，再经过一段时间后上述告警重新上报。

二、组网介绍

部分区间设备 SDH 组网如图 1-18 所示。

在 1+1 保护方式下，采用“双发”“选收”的保护机制，正常情况下，工作路由和保护路由同时传送业务信号，但接收端仅仅从工作路由选收业务信号；工作路由故障时，接收端将倒换到保护路由选收业务信号，如图 1-19 所示。

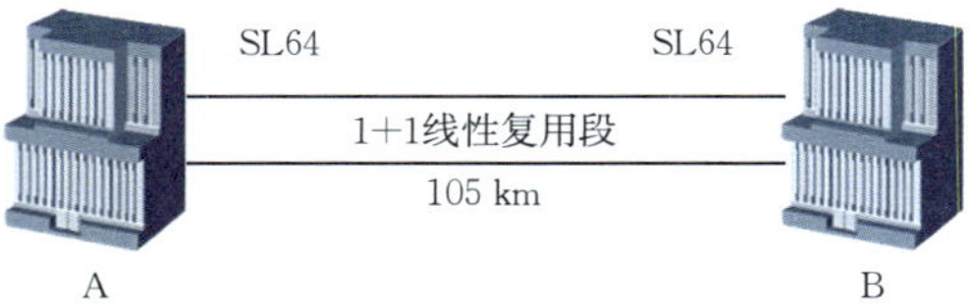

图 1-18　部分区间设备 SDH 组网示意图

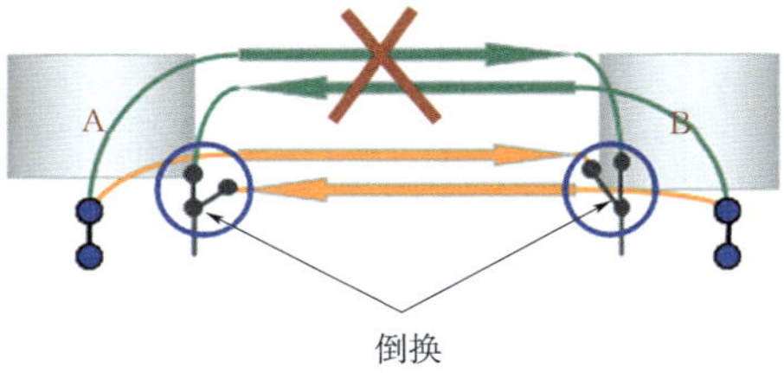

图 1-19　1+1 线性复用段工作原理

三、问题分析

1. 误码门限设置值不合适。
2. 外部环境异常。
3. 线路性能劣化。
4. 接地不良。

5. 本端接收单板故障。

6. 对端发送单板故障。

7. 时钟配置错误或者时钟交叉单元性能劣化。

8. DCU(色散补偿单板)单板故障。

四、处理过程

1. 查询上报告警单板的误码门限值设定,通过查询,对应单板门限值符合设置标准。

2. 检测机房环境温度、防尘网清洁、风扇散热等情况,并检查网元相关告警,发现外部环境正常,网管并无相关外部环境异常告警。

3. 查询 SL64 单板收发光功率,光功率正常,检查尾纤及光纤连接器接头,无虚插现象,并且无污损。

4. 检查设备接地情况,设备接地良好。

5. 更换该单板,告警仍频繁上报。

6. 检查时钟配置,时钟配置正确,时钟源同步正常,时钟单元主备倒换后告警仍不消除。

7. 由于两站相距 105 km,检查该段光缆质量,经检查链路衰减合格。

8. 更换 B 网元 DCU 单板,告警频繁闪上现象消除。

五、总结建议

传输故障处理原则:先外部,后内部;先单站,后单板;先线路,后支路;先高级告警,后低级告警。

处理传输告警时应遵循传输故障处理原则,在本次故障中,由于现场没有测量光缆质量的条件,因此只能先排除本站自身问题,再定位外部问题。A、B 两站相距 105 km,属于长距离传输,在线路传输侧需要使用定波长 10G 单板传输,同时配备相应的色散补偿单板,刚开始处理故障,工程师并未考虑到 DCU 单板故障的情况,因此并未通过更换 DCU 单板排除故障,认为单站及单板没有问题去测试光缆。在以后遇到现场没有测试光缆条件的情况,在排除单板故障时,应将该业务经过的所有单板都考虑在内,以便更快地解决故障。

案例 10　华为 MSTP 主备倒换后,复位主用交叉板导致所有单板复位

一、问题描述

进行交叉板主备倒换测试时,交叉板从 9 槽位倒换到 10 槽位,再插拔 10 槽位,所有单板复位,无法顺利倒换至原状态。

二、问题分析

备板刚运行时需要从主板同步部分数据。测试中 9 槽位的备用交叉板还未正常运行,10 槽位主用交叉板即复位,此时所有单板会同步,导致同一子架上其他单板复位。

三、处理过程

等待单板复位完成。

四、总结建议

如果备用交叉板没有正常运行就复位或拔插主用交叉板，会导致所有单板复位，所以不能频繁地倒换 XCS 板。

为了避免上述情况发生，备用 XCS 单板上报 HSC _ UNAVAIL 告警。此告警出现不一定表示交叉主备倒换受影响，仅用于提醒用户此时尽量不要对主板进行硬复位或插拔单板操作，以免影响业务。

案例 11　SDH 网络环形复用段保护机制光线路环回试验导致业务中断

一、问题描述

SDH 网络光路中断，复用段倒换启动，业务瞬断 50 ms 以内，保护正常。判断是光板问题还是线路问题，为排除单板故障对线路侧光口进行自环测试，收光性能正常，判断单板无故障，但是环上部分业务中断。

环形复用段保护状态如图 1-20 所示。

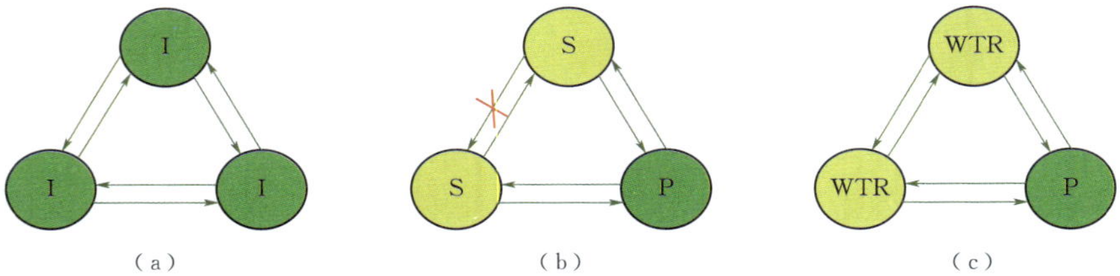

图 1-20　复用段保护状态示意图

复用段状态：

空闲态：复用段协议启动后，复用段区间正常时节点状态。

倒换态：倒换完成后，故障相邻节点状态。

穿通态：倒换过程中或倒换完成后，远离故障节点状态。

倒换恢复态：故障修复后到倒换恢复时间内(10 min)，原倒换节点状态。

二、问题分析

与复用段保护有关。

三、处理过程

1. 立刻中断自环，保护倒换恢复正常，业务恢复。

2. 当用尾纤自环光口后，光口的信号丢失，LOS 告警会消失。交叉板发送到短径的倒换请求会通过自环尾纤被自身收到，交叉板分析 K 字节，发现 K 字节里的目的 APS ID 不是自己后，倒换状态会由自动倒换完成变为穿通状态，因此业务会中断。

3. 将发生环倒换两个网元的倒换状态锁定，再自环测试，正常。

四、总结建议

光路中断，复用段倒换启动，在用尾纤自环光板之前，一定将发生环倒换两个网元的倒换状态锁定。

案例 12　中兴 ZXMP S385 发生复用段倒换后不上报复用段倒换事件

一、问题描述

某承载网络 S385 CSEV 交叉板进行复用段倒换以后不上报复用段倒换事件。

在 A、B、C、D 四个站点组成的 10G 复用段环上，A 站点的交叉板版本为 V2.15R1P07，另外三个网元的交叉板版本为 V2.10 R1P04，在 A 和 D 两个站点间发生复用段倒换后发现倒换能正常完成，但是 D 站点正常上报复用段倒换事件；A 站点未上报复用段倒换事件。

二、组网介绍

SDH 10G 复用段环组网如图 1-21 所示。

图 1-21　SDH 10G 复用段环组网示意图

三、问题分析

恢复现场的数据看到，A 站点屏蔽了交叉板的所有告警。从历史告警中可以看出，这个点交叉板的全部告警确实没有上报，只有光板的告警。若网管上屏蔽交叉板所有告警，当有复用段保护倒换事件时，交叉板不会上报复用段保护倒换事件，在倒换未返回时取消屏蔽，交叉板会上报复用段保护倒换事件。

四、处理过程

网管上取消告警屏蔽后，交叉板能正常上报复用段保护倒换事件。

五、总结建议

1. 此类问题常出现在工程开通阶段，属于正常操作。
2. 网络运行期间需屏蔽告警，应注意要屏蔽单板或端口，避免误操作造成其他业务中断。
3. 处理现网告警要根据现网实际情况，屏蔽无关告警，保留相关网元端口告警。

案例 13　中兴 ZXMP S385 复用段环和 RPR 环同时倒换导致工作通道光板大量 VC4 FEBBE 问题

一、问题描述

用户在 10G 环复用段环倒换测试时，发现倒换的光板有大量的 VC4 FEBBE 性能上报，部分 AU 还有越限告警上报。光板上报 VC4 性能的都是配置 RPR 业务的 AU、1-8 和 25-32AU4，9-24 是配置的低阶交叉，从性能看没有性能值上报。倒换前这些通道没有误码，倒换后业务正常，撤销倒换后业务也可以正常恢复。

二、组网介绍

ZXMP S385 RPR 环如图 1-22 所示。

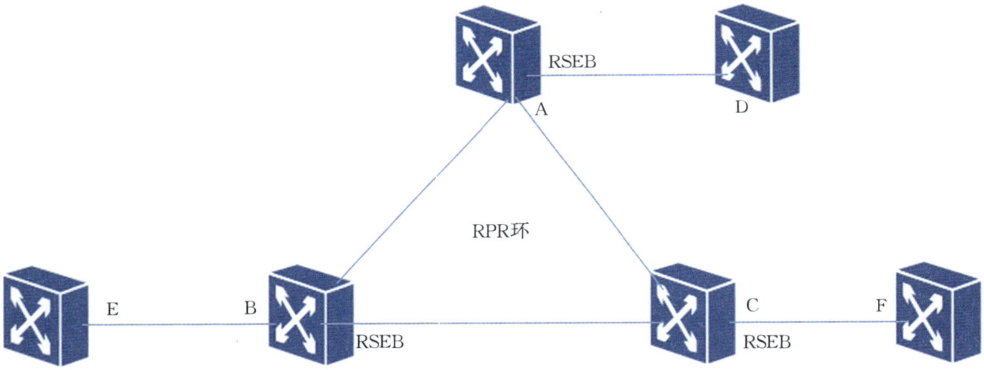

图 1-22　ZXMP S385 RPR 环示意图

三、问题分析

1. VC4 FEBBE 大误码可能由光板或交叉板故障引起。
2. 单板参数设置问题，检查单板参数。
3. 倒换过程中正常产生误码。

四、处理过程

业务没有发生倒换时，业务没有告警和性能事件，说明工作通道正常。倒换后业务也正常，说明保护通道也是正常的。

倒换过程会影响复用段内所有业务，但是实际上只有部分 AU 存在这个问题。仔细查询告警和性能，发现出现该现象的都是配置 RPR 环业务的 AU，在复用段倒换时也发生 RPR 环倒换事件。由于现场倒换测试时间较短，从越限告警上报的时间看，是复用段倒换返回时上报的越限告警，同时 RPR 环也发生倒换事件。根据这些情况分析，判断这些 VC4 FEBBE 性能可能是由于复用段环倒换返回时，引发 RPR 的环倒换，导致 OL64 板上报误码。

修改 RPR 倒换延迟时间 100 ms，再安排时间进行倒换测试，没有再出现该现象，问题解决。

五、总结建议

设备嵌套保护要注意倒换延时。检查 RPR 单板配置，发现 RPR 保护延迟时间是 0，表示没有延迟时间。复用段环和 RPR 环是独立检测的，如果没有保护延迟时间，在链路中断发生时可能会出现两个环同时倒换的情况，对业务影响可能会更大。复用段环倒换时间不超过 50 ms，建议现场设置 RPR 倒换延迟时间 100 ms。

第二章　设备环境类

案例 1　华为 OTN 防尘网堵塞导致单板故障业务中断

一、问题描述

某局某站点华为 OptiX OSN6800 多块单板上报 HARD_BAD 告警，多条业务中断。经过初步分析，承载业务的 4 块单板发生故障。

二、问题分析

单板故障导致业务中断的原因多种多样，可能的原因如下：

1. 光模块故障导致业务中断。
2. 单板电源模块故障导致业务中断。

三、处理过程

1. 经过检查该网元的历史告警，发现发生故障的多块单板最初上报 TEMP_OVER 告警，而后上报 HARD_BAD 告警，最后业务中断。检查发现该子架上，其对应的 4 块单板温度分别达到 119 ℃、119 ℃、82.6 ℃、72.7 ℃。这 4 块单板不断复位，无法正常工作。

2. OptiX OSN6800 设备上配置风扇板，可以通过自动调整转速来调节设备内部温度。查询风扇板的运转速率为高速，而设备温度依然很高。由此推测，该子架上散热存在问题。

3. 现场检查发现，机房内部灰尘较大，故障单板所在设备的防尘网上布满灰尘，进风口被堵塞，散热性能差，单板温度很高。由于防尘网进风口被灰尘堵塞，设备散热性降低，导致业务单板工作温度逐步升高，上报 TEMP_OVER 告警。由于维护人员没有及时处理，单板长时间高温运行，最终导致器件烧坏业务中断。

四、总结建议

1. 维护人员应该定期清洗设备防尘网，保证设备具备较好的散热条件。

2. 当单板上报 TEMP_OVER 告警时要引起足够的重视，及时排除故障，考虑风扇的转速设置不正确或者防尘网进风口堵塞降低散热能力。

3. 巡检时，风扇转速为高速时应引起足够重视，通过其他系统（如动环监控系统）及时查看设备所在机房环境温度。

案例 2　华为 OTN 由于 TDC 与 RDC 光口端面脏污导致 OAU 可设置增益范围异常

一、问题描述

某局点华为 OTN 系统 OAU 单板上报 VOA_ADJUST_FAIL 和 INSERTION_LOSS_

HIGH 告警，查询网管发现该光放单板标称增益异常，如图 2-1 所示。

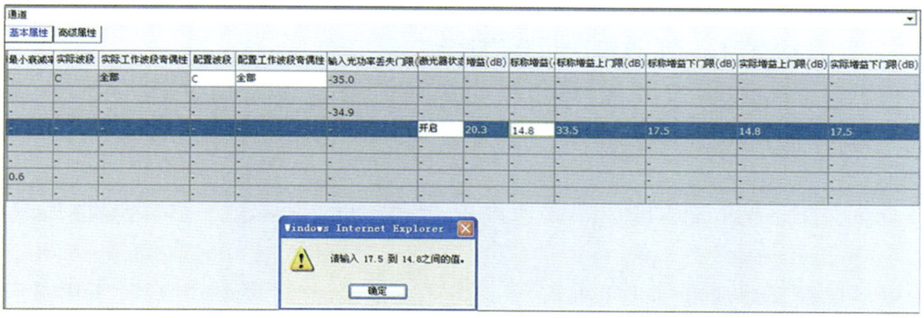

图 2-1　网管 OAU 配置

二、问题分析

该问题产生原因为跨接到光放单板 TDC 和 RDC 之间的 DCM 模块插损过大导致。

三、处理过程

1. 查询网管，查看该 OAU 单板的标称增益，确有异常，排除误告警问题，则进行下一步处理。

2. 更换插损过大的 DCM 模块，并清洁相关跳纤和光口后，单板可设置增益恢复正常。

四、总结建议

1. OAU 单板在正常使用时，需要设置单板的增益。即使使用默认增益，也需要在网管上进行设置，并注意观察 DCM 模块插损是否存在异常。

2. TDC 与 RDC 之间可以容许有一定的损耗，但是损耗不能大于 0.5 dB，因此需要时刻保持 TDC 与 RDC 光口端面的清洁。

案例 3　中兴 ZXONE 8700 LS4 环境温度高导致 MCU 重启

一、问题描述

某局干传输 OTN 项目采用中兴 ZXONE 8700 部署 100G 系统，主要采用 CX51 和 CX71 子架，在对系统设备进行 D1409 版本升级后，现场反馈某一条 10G 业务不稳定，时断时续。

二、问题分析

1. 数据方面反馈链路时断时续，并且呈现为完全中断，并非误码引起。

2. 查看对应的客户侧单板 CS3 告警，闪报 ODU-AIS 告警，同时发现交叉子架交叉板上报对应业务的 LS4 单板槽位背板帧丢闪报。

3. 查询历史告警，发现该槽位 LS4 单板不断上报 MCU 重启告警。

三、处理过程

单板 MCU 自动重启，应重点考虑单板温度。

1. 查看单板环境温度，约 50 ℃，旁边正常运行的 LS4 单板温度也在 50 ℃。

2. 由于夜间对网元单板版本进行升级，查询历史信息发现升级风扇板后，该 LS4 单板开始频繁复位。

3. 查看该交叉子架 CX51 的风扇转速设置，当前为自动调速方式，立即将其设为手动全速方式。

4. 设置后单板环境温度逐步下降，最终稳定在 42 ℃，此时再观察单板，不再重启。

5. 问题定位为单板温度高引起单板重启。

6. 进一步分析发现由于网管默认的风扇转速设置是自动调速，因此当对风扇板升级后，风扇板原有的转速设置被清空（模式分为手动调速模式和自动调速模式两种，手动调速模式有全速、中速、低速 3 种模式，根据现场机房环境温度和设备单板温度设置相应的调速模式），风扇板重新运行时向 AGENT 取数据，于是转速改为自动调速，在自动调速下由于检测点为进风口温度，单板核心模块温度无法检测，因此当环境温度为 50 ℃时，实际单板内部温度可能已经达到 70 ℃左右。

四、总结建议

1. ZXONE 8700 对 100G 交叉子架散热采用下进上出的方式，因此交叉板的热风直接吹到上面的业务单板，本次故障单板正好是交叉板正上方的 LS4 单板，其他单板温度稍低，因此并未复位。

2. 单板环境温度与单板内核实际温度存在大于 20 ℃的差异，因此查询单板环境温度不能超过 50 ℃，必须保持在 40 ℃左右。

3. 风扇的转速决定子架单板温度情况，当前 ZXONE 8700 散热系统要求尽量将风扇转速设为全速，因电子架相对光子架设备功耗较大，根据机房环境温度和单板温度设置相应的调速模式，在噪声允许的前提下，优先保障设备业务的运行。

案例 4　中兴 ZXONE 8700 LS4 CX51 子架上 XCA 单板环境温度告警

一、问题描述

某局网络的 ZXONE 8700 设备，使用 CX51 子架作交叉子架。

其中一个 CX51 子架的 30 和 31 槽位的 XCA 上报“单板环境温度”告警，清除后同步告警依旧，如图 2-2 所示。

XCA[0-9-30]-Board	单板环境温度告警(4368)	2016-05-18 11:46:58	设备告警
XCA[0-9-30]-Board	单板环境温度告警(4368)	2016-05-18 14:18:15	设备告警

图 2-2　告警示意图

二、问题分析

对于单板环境温度问题，需要详细分析以下 4 点：

1. 机房温度及子架前后是否有大功率设备影响本设备的区域温度。
2. 机架是否积尘过多，通风口或抽风口是否有堵塞。
3. 风扇转速情况。
4. 单板模块温度情况。

三、处理过程

1. 网管查询风扇转速、单板环境温度。风扇正常，转速无过低的状态，但单板环境温度为 65 ℃，而单板温度门限值也为 65 ℃，因此有触发告警。

2. 现场检查机房温度、机架区域温度有无异常，机架清洁状态是否良好、有无异物堵塞。

3. 对调 XCA 单板，仍为原槽位上报告警，排除 XCA 单板问题。

4. 查询子架上各单板的模块温度，通过 telnet 上 100 槽位的 FCC 上用 brdtmp 命令获取单板模块温度。

5. 30 和 31 槽位的 XCA 单板模块温度较上限值低 3 ℃，如图 2-3 所示，由此可知单板温度在正常范围内。

```
KSH>brdtmp
SlotNo.     ChipId     RealTemprature      HopeTemprature     TempFrom    ThresholdAla
rm   AreaID
Slot   1    0           4900                6500               2           0
Slot   2    1           3900                7000               2           0
Slot   3    1           4100                7000               2           0
Slot   4    1           4200                7000               2           0
Slot   5    1           4200                7000               2           0
Slot   6    1           4400                7000               2           0
Slot   7    1           4300                7000               2           0
Slot   8    1           4600                7000               2           0
Slot   9    1           4700                7000               2           0
Slot  10    1           4500                7000               2           0
Slot  11    4           6300                9700               2           0
Slot  12    4           6300                9700               2           0
Slot  15    1           4600                7000               2           0
Slot  16    1           4700                7000               2           0
Slot  22    0           3250                7000               1           0
Slot  23    0           3350                7000               1           0
Slot  25    1           6300                7000               2           0
Slot  26    1           6800                7000               2           0
Slot  28    1           6600                7000               2           0
Slot  30    1             82                  85               2           1
Slot  31    1             82                  85               2           1
Slot  32    1             79                  85               2           0
Slot  33    1             73                  85               2           0
Slot  34    1             68                  85               2           0
Slot  35    1             62                  85               2           0
Slot  36    1           4700                7000               2           0
Slot  38    1           6200                7000               2           0
Slot  39    1           6500                7000               2           0
Slot  45    0           3300                7000               1           0
Slot  46    0           3200                7000               1           0
Slot  47    0           6500                6500               2           0
```

图 2-3　单板参数示意图

6. 通过联系专家判断，单板模块温度未越限则单板可正常工作，对于告警可通过修改门限消除此告警。

四、总结建议

1. 风扇的转速决定子架单板温度情况，当前 ZXONE 8700 散热系统要求尽量将风扇转速设为全速，在噪声允许的前提下，优先保障设备业务的运行。

2. 建议交叉板环境温度控制在 40 ℃左右，机房环境温度控制在 30 ℃左右。

案例 5　中兴 ZXONE 8700 设备噪声问题

一、问题描述

ZXONE 8700 100G 设备，反馈现场噪声周期性变化，噪声值高，噪声逐渐变大至峰值(持续 38 s)，然后逐渐变小至低值(持续 20 s)，至最低值后逐渐变大至峰值，反复循环，峰值噪声接近 90 dB。现场部署子架为 CX71 交叉子架，噪声主要来自交叉子架，通过交叉子架进风口风力变化及网管查询，CX71 子架正面上框风扇转速变化与噪声变化一致，转速从 28 r/s 逐渐提高至 120 r/s，然后又降至 28 r/s，噪声确定为风扇自动调速导致。

二、问题分析

FCE 风扇单板有两个风机，正常状态 2 号风机转速为 1 号风机转速的 80%，两风机转速差异小于 20%，当两个风机转速差异过大时，判断为风扇风机异常，保护机制会触发风扇自动调速为全速运转。116、117、118 槽位风扇全速调速，当 116 全速后，1、2 号风机转速达到 120 r/s 最大转速后差异逐渐变小，风机异常解除，风扇自动调速全速结束，风扇开始降速，降速至低速后，116 号槽位风扇 1、2 号风机转速差异过大，又触发风扇自动调速为全速运转，如此反复，与现场故障现象一致。确定 116 槽风扇风机异常，风扇单板故障触发该问题。

三、处理过程

1. 环境及业务核查：地板下送风机房，进风口温度 20 ℃～21 ℃，业务单板配置较少：4 块 CO1，4 块 CO2，全部配置在下框，单板面板温度 30 ℃以下，PSK 面板温度 30 ℃以下，下框风扇转速正常，上框未配置业务单板，假面板部署完整，所有单板无异常告警灯；网管查询所有单板温度正常，无异常温度告警，上框风扇转速基于 PSK 自动调整，PSK 温度正常，单板温度及机房环境优良，排除温度及散热导致异常，初步怀疑上框风扇调速异常。

2. 网管及命令行性能核查：网管查询上框风扇转速性能，发现 116 号槽位风扇，两个风机转速差异较大，风扇端口 1(1 号风机)30 r/s 左右，风扇端口 2(2 号风机)60 r/s 左右，117 槽位、118 槽位风扇两个风机转速差异正常。

3. 将 116 号故障槽位风扇替换后，故障消失，观察 72 h 后，故障不复现，现场转速正常稳定，稳定至 35～40 r/s，噪声正常，低于机房环境噪声值，不再成为机房噪声焦点。

四、总结建议

1. 本次设备故障因 FCE 风扇单板风机异常，导致上框子架风扇调速异常、噪声异常，通过更换故障风扇单板，问题解决。

2. 网管定期检查风扇性能，现场维护人员按要求清理防尘网。

案例 6　华为 MSTP 用户接入线缆距离过长导致 P_LOS 告警

一、问题描述

某局点 OSN3500 设备提供 VC-3 级别业务，该业务从 PL3 单板映射到 SL64 单板，PL3

单板某天连续 30 s 上报 P _ LOS 告警，业务受到影响。

二、问题分析

1. 接口板 PL3 故障或槽位松脱。
2. 设备接地不良。
3. DDF 架连接松脱。
4. 从 DDF 架到设备的线缆超过单板支持的长度。

三、处理过程

1. 检查 PL3 单板对应的接口板，确认接口板插放正确，排除接口板故障。
2. 检查设备接口和 DDF 架连接的情况，未发现异常，排除这两个原因。
3. 检查从 DDF 架至设备所在地的线缆长度，发现线缆长度超过 70 m，调整设备位置使线缆长度小于 50 m，告警消失。

四、总结建议

由于线缆布放超过设备支持的长度，导致 P _ LOS 告警，因此建议线缆长度保持在 50 m 内，以避免业务受到影响。

部署时应考虑不同接入技术的长度规格，如以太网线不超过 80 m，E1 线不超过 50 m，提前进行测试。

案例 7　华为 MSTP 设备温度过高导致 OSN1500 的 CXL 单板上报告警

一、问题描述

某局点 OptiX OSN1500 网元设备 4、80、82 逻辑槽位上报 BD _ STATUS 告警，复位该 CXL 单板后上报 HSC _ UNAVAIL 告警，告警参数为“0X81 0X01 0X50”。恢复一段时间后，网元又上报 BD _ STATUS 告警，业务不受影响。

二、问题分析

现场检查发现该网元单板温度特别高，已经达到 80 ℃（建议所有板卡温度不超过 55 ℃），可能是温度过高导致单板不在位。

三、处理过程

1. 检查风扇，运行正常。
2. 取出防尘网后发现有很多灰尘，清理后重新插回，问题解决。

四、总结建议

定期对防尘网进行清理，建议每月清理一次。

案例 8　华为 MSTP 尾纤不清洁导致复用段倒换故障

一、问题描述

某线路 D 站 10G 对 C 方向发生复用段倒换，业务从 11 槽光板主用通道倒换至 12 槽保护通道。

二、组网介绍

D 站点 OSN7500 与 C 站点 OSN7500 间 1+1 线性复用段组网，如图 2-4 所示。

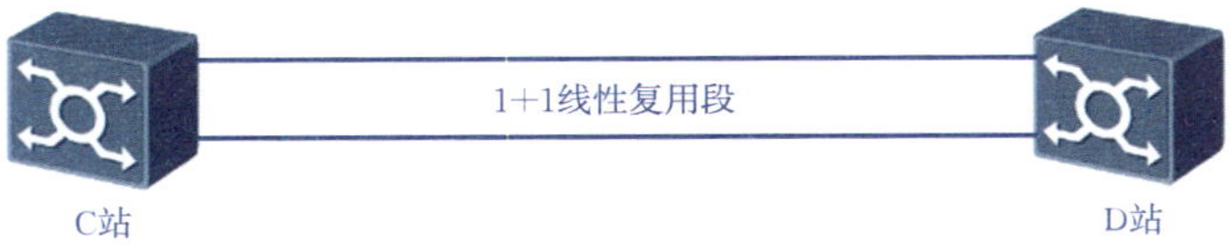

图 2-4　SDH 设备 1+1 线性复用段组网示意图

三、问题分析

初步分析出现上述问题的原因如下：

1. 光纤衰减原因：D 站点收 C 站点光功率为 −15 dBm，C 站点收 D 站点为 −8.6 dBm。两芯光缆衰耗差值较大，可能由于光缆纤芯质量、跳接尾纤连接损耗及 DCU 单板插损等原因导致。

2. 光缆非线性原因：由于使用 BPA 光放大单板，提高入缆光功率，如光缆质量存在问题，不排除由于非线性原因导致误码增大。

四、处理过程

1. 网管查询 D 站点 31-BPA（D 站点收 C 站点）PIN 收光为 −27.3 dBm，11-SL64 板 IN 口收光 −15.6 dBm，收光偏低。

2. D 站点机房用光功率计在 ODF 侧测收 C 站点光为 −16.5 dBm，经过尾纤跳接至 31-BPA 的 PIN 口衰耗达到 11 dB，判断 ODF 侧至 31-BPA 之间的跳接尾纤存在问题。

3. 清理跳接尾纤后还原，网管查询 D 站点 31-BPA（D 站点收 C 站点）PIN 收光变为 −17 dBm，11-SL64 板 IN 口收光 −5.3 dBm，收光偏高。

4. 在 31-BPA（D 站点收 C 站点）PIN 加 5 dB 光衰，收光变为 −20.8 dBm，11-SL64 板 IN 口收光变为 −10.4 dBm，光功率正常，查询无误码上报，观察 2 h，无异常，如图 2-5 所示。

五、总结建议

复用段保护倒换的条件是 LOF、LOS、MS-AIS、MS-EXC 告警信号，本次告警原因为本端机房 ODF 侧尾纤不清洁导致误码上报，从而引起复用段保护倒换。

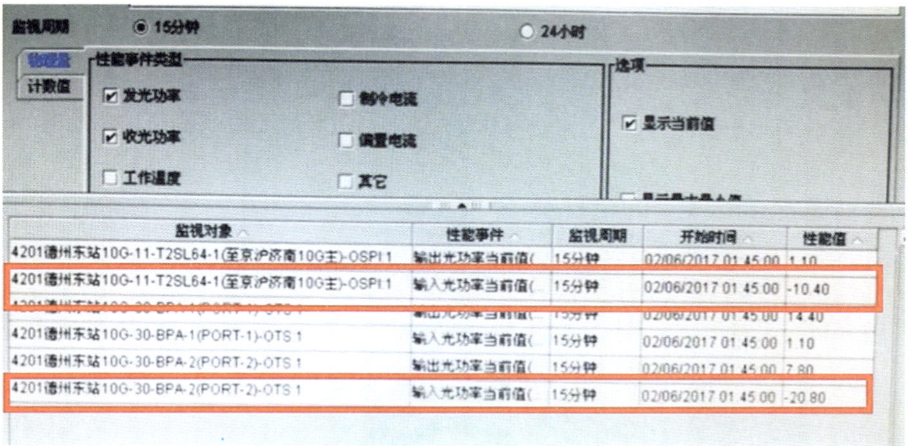

图 2-5　单板性能示意图

案例 9　中兴 ZXMP S385 设备更换组合风扇解决光板交叉板温度越限

一、问题描述

某局现场反馈 S385 设备 7 槽位的 OL64 光板和 8、9 槽位的交叉板温度越限，现场环境空调工作正常，温度较低，散热风扇工作正常。ZXMP S385 设备如图 2-6 所示。

二、问题分析

1. 风扇故障，防尘网堵塞。
2. 设备环境温度高。
3. 单板故障。

三、处理过程

根据现场反馈情况，基本可以确认现场环境正常。季节是冬季，环境温度较低。

图 2-6　ZXMP S385 设备示意图

1. 检查风扇插箱，工作正常，检查防尘网，没有堵塞现象。

2. 现场设备配置为 7 槽位是 OL64 光板，8、9 槽位交叉板配置的时分是 TCS128P 模块，现场设备是经过后期扩容的（光板交叉板是后期扩容加上的），S385 设备在配置 OL64 或 TCS128/256 时，需要将子架中间位置的风扇插箱更换为组合风扇。组合风扇由四个独立的小风扇组成，老的风扇仅有一个风扇，现场需要更换风扇为组合风扇提高散热效果。

3. 现场更换风扇后问题解决，温度恢复正常。

四、总结建议

机房温度能够引起设备运行不稳定，常见的问题是：

1. 出现承载的业务瞬断情况,并且不一定全部有瞬断情况,可能是部分业务。
2. 设备不同业务单板上报误码。

案例 10　中兴 ZXMP S385 设备防尘网堵塞导致设备业务中断

一、问题描述

某局现场反映,ZXMP S385 设备长时间运行后,业务闪断,其余站点业务正常。

二、问题分析

从上述故障现象可判断造成业务中断原因,分析如下:
1. 交叉板故障,导致业务中断。
2. 设备客户侧单板故障,导致业务中断。
3. 背板总线故障,导致业务中断。

三、处理过程

1. 查询设备保护组状态,运行正常。
2. 检查单板光口性能,运行正常,无误码现象。
3. 交叉板主备倒换,故障现象仍然存在。
4. 查询交叉板和单板历史性能,发现单板环境温度异常,设备长时间工作在越限温度条件下,最高温度 81 ℃。
5. 通过上述历史性能查询,发现设备环境温度长时间越限且造成背板总线堵塞,业务单板和交叉板性能越限。
6. 检查设备防尘网,发现设备防尘网堵塞,无法正常通风,清洗防尘网后,业务恢复,设备运行正常。

四、总结建议

设备日常维护,防尘网应定期进行清洗除尘,同时机房环境温度要尽量保持在−5 ℃～35 ℃之间,保证设备正常运行。

防尘网清洗操作规范如下:
1. 佩戴防静电手环取出防尘网。
2. 清洗防尘网后静置通风晾干。
3. 佩戴防静电手环重新安装防尘网。

第三章　单板硬件类

案例 1　华为 OTN SFIU 单板损坏导致线路 OLP 主备光功率同时降级

一、问题描述

某局点华为 OTN 系统 D、E 站点间主备光功率同时降级，E 站点收 D 站点主用光功率当前值为 -16.8 dBm（基准值为 -12.6 dBm）；备用光功率当前值为 -17.6 dBm（基准值为 -13 dBm）。

二、问题分析

如图 3-1 所示，D、E 站点间主备光功率同时降级，E 站点收 D 站点主用光功率当前 -16.8 dBm（基准值 -12.6 dBm），备用光功率当前 -17.6 dBm（基准值 -13 dBm）。由于是主备用光功率都受到影响，考虑是光缆或影响大通道的板卡出现问题。

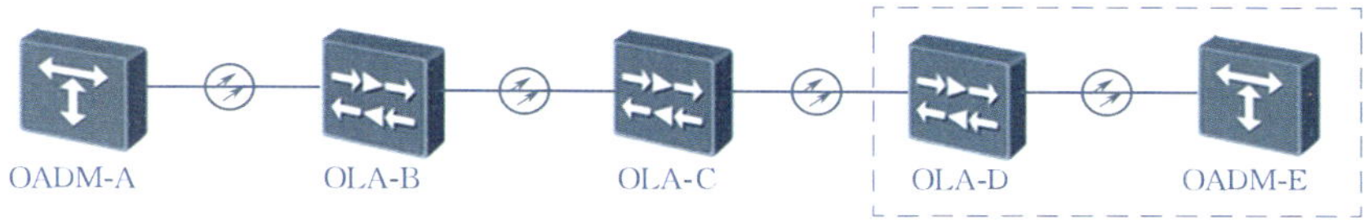

图 3-1　OTN 设备 OMS 段组网示意图

三、处理过程

检查 D、E 站点间外缆光衰耗正常，符合《铁路通信维护规则》的有关规定，未见明显大衰耗区间。继续检查 C、D 站点间外缆光衰耗正常，排除外缆问题。注意力集中在 D 站点发 E 站且影响大通道的板卡上。

室内光纤连接如图 3-2 所示，逐个实测 D 站点用于发 E 站点的 OAU 板输入输出口光功率、SFIU 板输入输出口光功率以及 OLP 板输入输出口光功率。发现 D 站 SFIU 板 SYS1 口光功率为 10 dBm（即 OAU 板发送光功率），SFIU 板 LINE1 口光功率为 6 dBm，两口之间降了 4 dB。由此判断 D 站点 13 槽 SFIU 板存在隐患。通知对应铁路局集团公司更换 D 站点 SFIU 板后，E 站点收 D 站点主备光功率恢复标准值，问题解决。

四、总结建议

1. 当两站出现光功率降级问题时，首先判断是主备通道光功率都降级还是只有一个通道出现降级。

2. 当主备光功率同时降级时，按照维护处理原则，先外缆后板卡。检查外缆是否存在大衰耗区间。

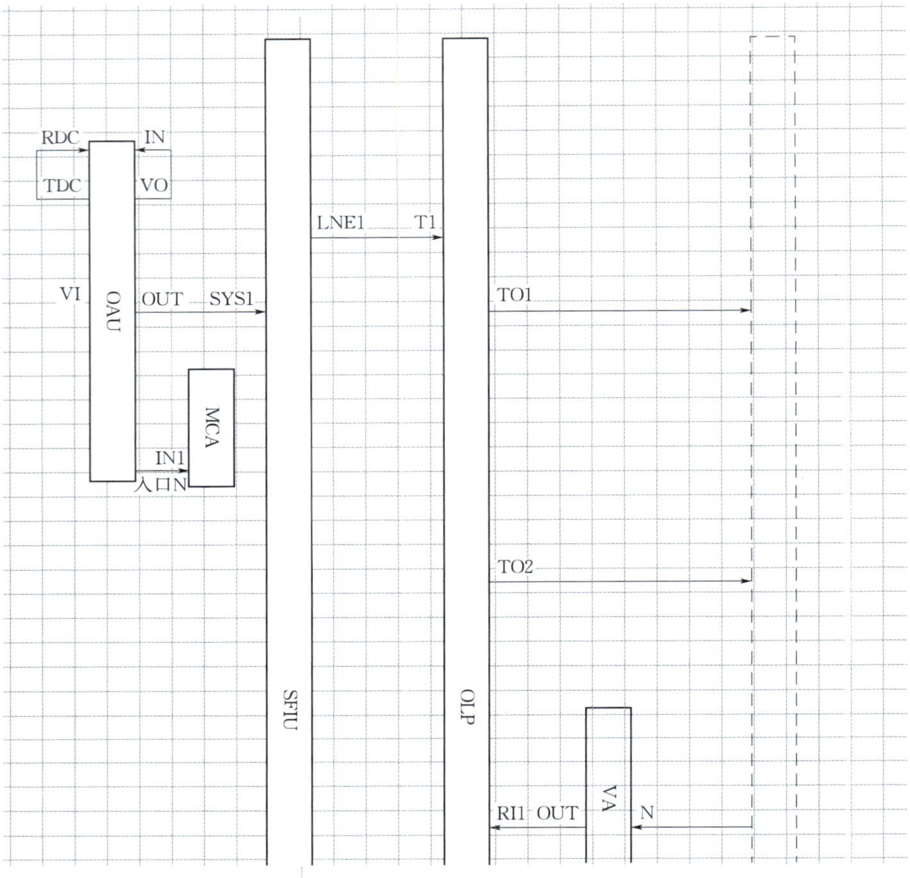

图 3-2　设备内部连纤

3. 当排除外缆问题后，根据发端站及收端站室内连纤图，逐个检查影响大通道的板卡输入输出口光功率，确认故障板卡。

4. 当排除板卡故障后，检查板卡之间的室内连纤以及 ODF 架的接口是否存在问题，确认衰耗点的位置。

案例 2　华为 OTN AUX 单板故障导致 OSN6800 多块单板产生 COMMUN _ FAIL 告警

一、问题描述

某局点 OTN 系统 OSN6800 网元有多块单板上报 COMMUN _ FAIL 告警，且告警上报时间相同，该子架类型为主子架。

通过网管查看该网元历史告警，发现在出现 COMMUN _ FAIL 告警之前，该网元曾上报过 SUBRACK _ LOOP 告警。

二、问题分析

若单个网元出现该问题，可能的原因如下：

1. 网元中单板处于硬复位或者软复位状态。
2. 子架间级联网线不符合要求。
3. 网元中存在通信单板故障。

三、处理过程

1. 通过网管，查看所有单板的 COMMUN _ FAIL 告警参数，参数均为 0X01 0X00 0X03，表示板间 ETH 通信失效。

2. 网元曾上报过 SUBRACK _ LOOP 告警，该告警 1 min 后消除；SUBRACK _ LOOP 告警表示子架间网口执行环回；该操作可以引起网络中的广播风暴，导致个别通信端口阻塞。

3. 现场拔插 AUX 单板，该板主要负责各单板与主控单板间的正常通信，该单板复位后告警消失，观察 20 min，该告警没有再上报。

四、总结建议

此案例是在设备处于主从模式下时，子架间网口连接成环，引起以太网广播风暴，导致个别通信端口阻塞，从而引发这些单板通信失效。由此可见，若现网发现 COMMUN _ FAIL 告警同时伴随 SUBRACK _ LOOP 时，需仔细检查子架间的网线连接。如果 SUBRACK _ LOOP 告警消失，但 COMMUN _ FAIL 仍存在，则建议硬复位 AUX 单板。

COMMUN _ FAIL 告警参数存在以下几种：参数为 0X01 0X00 0X01 时，表示 RS-485 的 1 号通道失效；参数为 0X01 0X00 0X02 时，表示 RS-485 的 2 号通道失效；参数为 0X01 0X00 0X03 时，表示板间 ETH 通信失效；参数为 0X01 0X00 0X04 时，表示子架间紧急 ETH 通信失效。处理问题时，需根据 COMMUN _ FAIL 告警的实际告警参数采取相应的处理方式。

案例 3　华为 OTN 由于 NQ2 单板故障导致 TOA 单板误码

一、问题描述

如图 3-3 所示，全路骨干 OTN 环网 OADM 网元 A、B、C 站点 TOA 单板多个业务侧端口上报 ODU0PM 段误码块及严重误码秒告警，影响多条通道业务的正常使用，OTN 各站间线路主光功率正常，其他单板也无相应告警产生。

二、问题分析

1. 网管查询 OTN 环网 A、B、C 站点上报误码告警的 TOA 单板端口均为 A—C 站、B—C 站端到端相对应的端口。

2. 网管查询 OTN 环网 A、B、C 站点上报误码告警的 TOA 单板对应端口的相关业务路径，查询路径后发现受影响电路均为 C—A 站、C—B 站的 192. 3 THz 波道，即所有受影响业务在 C—B 站间均在同一 10G 波道承载。

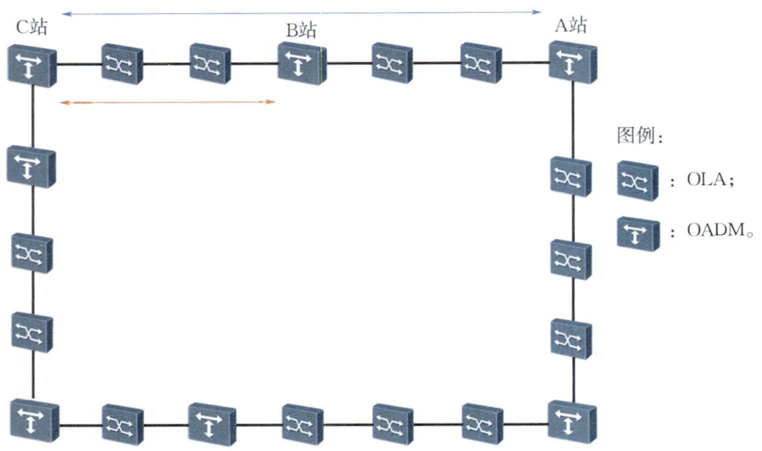

图 3-3　OTN 设备组网示意图

三、处理过程

1. 网管查询 OTN 环网 A、B、C 站点不同 TOA 单板端口上报 ODU0PM 段误码块、ODU0PM 段严重误码秒等重要告警。端口承载的用户侧业务出现大误码和电路闪断现象。

2. 查询 OTN 环网 A、B、C 站点上报误码告警的 TOA 单板端口均为 A—C 站、B—C 站端到端相对应的端口。

3. 网管查询 OTN 环网 A、B、C 站点站上报误码告警的 TOA 单板对应端口的相关业务路径，查询路径后发现受影响电路均为 C—A 站、C—B 站的 192.3 THz 波道，即所有受影响业务在 C—B 站间均在同一 10G 波道承载。

4. 该误码通道由 C 站点 28 号 NQ2-4 和 B 站 20 号 NQ2-4 承载。初步判断两块 NQ2 单板存在故障，由于该单板为 4 端口为 10G 速率，该 10G 通道还承载其他 ODU0 级别业务，无法进行相应打环测试工作。

5. 网管通过配置 SNCP 路径保护路径的方法可以将 B 站点、C 站点对应故障单板甩开，而且不影响其他端口波道在用业务，同时能够测试出是否为这两块 NQ2 单板故障。

6. 将 C—B 站原误码通道配置 SNCP 路径，并将 C 站点、B 站点设置成双发选收节点，如图 3-4 所示蓝色通道为新设置的 SNCP 保护通道，配置后分别在 C 站点、B 站点进行保护通道人工切换，将原误码通道甩开，其他端到端业务也可以按此方法进行配置。

7. 再次查询原上报误码的端口性能状态，端口误码消除，承载业务恢复，可以判断出故障点为 C 站点 28 号 NQ2 和 B 站点 20 号 NQ2，需要进行单板更换工作。

8. 铁路局集团公司要点进行单板更换工作，首先更换 C 站点 28 号 NQ2 单板更换工作，更换后将已配置 SNCP 路径切换回原工作通道，再次查询通道端口误码性能状态，端口误码并未再次上报，确定故障点为 C 站点 28 号 NQ2 单板。

9. 更换单板观察一段时间后，误码未再次上报，可将配置的 SNCP 保护通道进行删除，恢复原电路路径。SNCP 保护路径如图 3-4 所示。

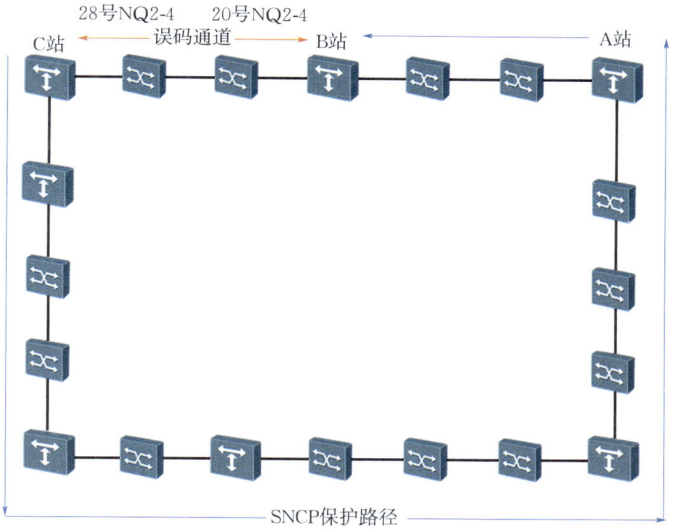

图 3-4　SNCP 保护路径示意图

四、总结建议

1. 当 OTN 网络同时出现类似多单板多端口业务同时上报通道误码情况时，需要第一时间判断出多通道间存在的共性问题。

2. 找出故障点后，如果 10G 或者 100G 单波通道问题，故障机房为有人值守情况下，可以第一时间通过对线路侧单板进行打环测试或者单板对调的方法，查询业务侧单板是否误码消除或者转移，这种方法适用于该波道业务完全中断情况下使用，处理过程中会中断单板承载波道内所有在用业务。

3. 如果某 10G 或 100G 波道内业务未完全中断，可以选择在网管上进行更改承载波道或调整业务迂回路径等方法进行故障点的判断，还能保证受影响业务的及时恢复。

案例 4　华为 OTN 多块 NQ2 单板同时上报 BEFEC _ EXC 告警

一、问题描述

如图 3-5 所示，全路骨干 OTN 环网 OADM 网元 A、B、C、D 站点两两之间各有多个 10G 通道，某日突然 B、C、D 站点各有一块 NQ2 单板的一个光口上报 BEFEC _ EXC 告警，经排查 OTN 各站间线路主光功率正常。

图 3-5　OTN 组网示意图

二、问题分析

1. 浏览上报告警单板的 WDM 路径，发现上报告警光口承载的为同一条 A 站点至 B 站点的 10GE LAN 业务，且该业务发生 ODUK _ SNCP 倒换。

2. 该段承载多个 10GE 波道和 100GE 波道，其他波道均正常，可排除链路和光层单板故障。

三、处理过程

1. 网管查询告警单板的性能，发现有大量 FEC 不可纠正比特数，ODU2 _ SM 远端误码秒，ODU2 _ SM 进入定位错误秒。

2. 发现 B、C、D 站点告警上报时间相同，多块单板同时上报告警概率极小，仅 B 收 A、C 收 B 和 D 收 C 方向的光口上报告警，判断为单向问题。

3. 由于 B、C、D 站点均为电中继节点，误码事件可沿信号流方向传递，可判断故障出现在 A 站点至 B 站点的 OCh 之间，可能为 A 站点 NQ2 单板或模块，或 B 站点 NQ2 单板或模块，或 A 站点交叉板故障(每条通道交叉板总线独立，无法排除交叉板是否故障)。

4. 发现 A 站点和 B 站点之间还有空闲波道资源，故可修改业务路径至空闲波道资源恢复业务。业务路径修改后，B、C、D 站点告警消失，需利用空闲端口创建一条经 A—B—C—D 故障波道的路径才能继续进行排障。

5. 在 A 站点对应光口打外环回，发现告警全部消失，可排除 B 站点光模块和单板故障。

6. 申请光模块、交叉板、NQ2 单板到 A 站点，由于 NQ2 为 4 光口单板，为减少业务影响，优先更换光模块，告警未消失。

7. 更换 NQ2 单板，告警全部消失，观察一段时间后，误码未再次上报，可判断此问题由 NQ2 单板故障造成。可将业务恢复原波道资源。

8. 若更换 NQ2 单板，故障依然存在，则可倒换主备用交叉板；若告警消失，可更换交叉板。

四、总结建议

1. 当 OTN 网络相邻链路同时出现多个告警时，需结合告警特性、业务共性、信号流进行定界，判断出故障发生初始区段，单通道问题可排除链路质量问题。

2. 找出故障点后，如果是 10G 或 100G 单波通道问题，故障机房为无人值守情况下，可以第一时间通过对线路侧单板进行打环测试，查询业务侧单板是否误码消除，这种方法适用于该波道业务完全中断的情况，处理过程中会中断单板承载波道内所有在用业务。

3. 可以选择在网管上进行更改承载波道或者调整业务迂回路径等方法进行受影响业务的及时恢复。

4. 若线路板上没有交叉，线路单板出现此类故障时，由于没有开销传递无法上报告警和性能事件，可定期对无业务波道进行配置测试。

案例 5　华为 OTN 设备交叉单板上报总线错误告警

一、问题描述

某局点 OTN 设备主备交叉 UXCH 单板均上报 BUS_ERR 告警，告警参数为 0X00 0X02 0X64 0X16，如图 3-6 所示。网管告警面板如图 3-7 所示。

图 3-6　交叉板告警示意图

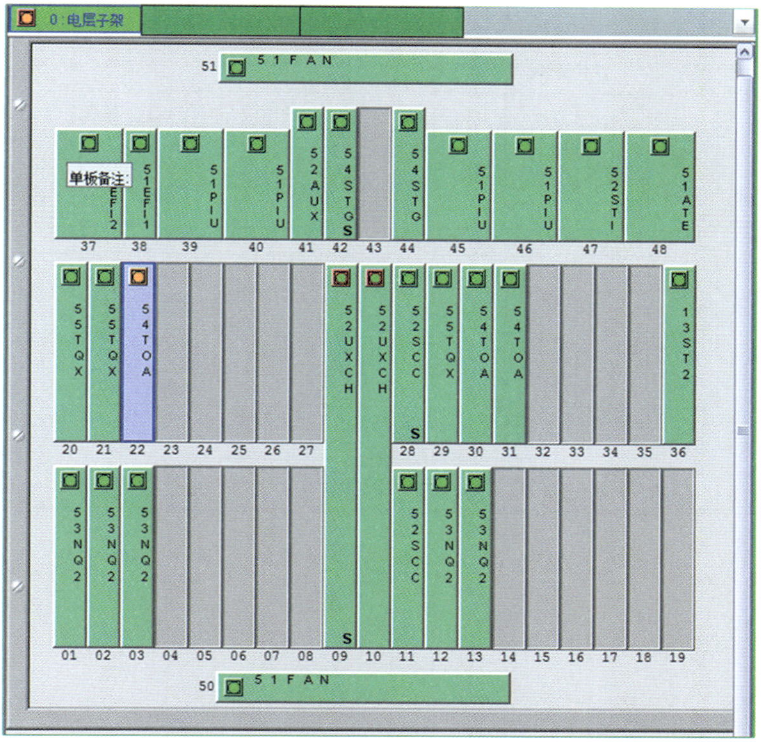

图 3-7　网管告警面板

二、问题分析

交叉、主控类单板上报此告警可能是业务板故障，需结合告警参数进行分析处理。

三、处理过程

点击“告警详细信息”，发现第四个告警参数代表指向的错误单板槽位号，0X16 位十六进制的 22，故判断 22 号槽位单板故障。更换 22 号槽位单板后，告警消失。

四、总结建议

1. 交叉、主控类单板故障，需结合告警参数判断实际故障单板，不能直接更换主控、交叉单板。

2. 告警参数为 16 进制代码，需转换为 10 进制数字。

案例 6　华为 OTN 设备上报多块单板不在位告警

一、问题描述

某局点 OTN 网管上多块单板不在位，网管显示灰色，上报 BD _ STATUS 告警。网元面板如图 3-8 所示。

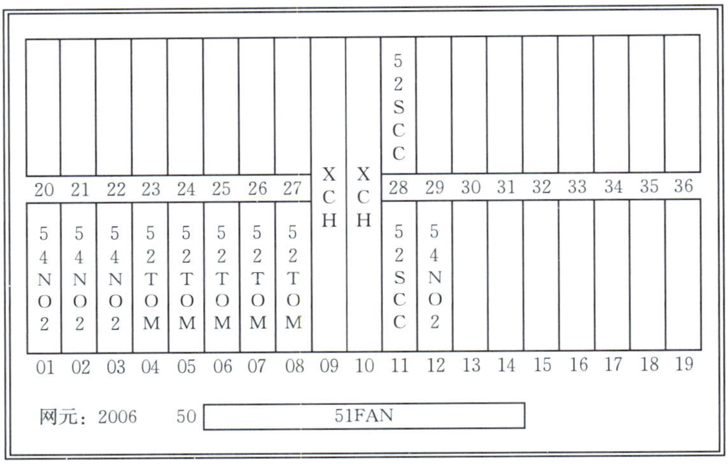

图 3-8　网元面板示意图

二、问题分析

1. 网元脱管。
2. 主从子架之间的网线故障。
3. AUX 单板故障。
4. 背板故障。

三、处理过程

1. 网元脱管

若 U2000 网管上报 NE _ COMMU _ BREAK、NE _ NOT _ LOGIN 告警，则可能是网元脱管，按照网元脱管问题进行后续处理。

2. 主从子架之间的网线故障

查看主从子架之间的网线是否损坏或松脱，处理该故障。

3. AUX 单板故障

AUX 单板用于实现板间、子架间通信功能，子架内管理功能，因此 AUX 单板故障可能会造成多块单板不在位。查看 AUX 单板是否故障，如硬复位或重新插拔单板无法消除其他单板的 BD_STATUS 告警，则进行下一步。

4. 背板故障

更换子架。

四、总结建议

OTN 设备单块单板不在位，大概率是单块单板的问题导致，多块单板不在位大概率是由 AUX 单板或子架间网线故障导致。

案例 7 中兴 OTN 由于单板硬件版本不同导致替换后无法正常运行

一、问题描述

某 OTN 网络上替换故障业务单板，单板更换后，网管一直上报板类型失配告警，单板不能正常工作。本案例中单板为 LS4B 单板。

二、问题分析

主控板不能识别，有可能是硬件版本不一致。

三、处理过程

1. 询问设备现场，待更换的 LS4B 单板为 M4 版本，原单板为 M2 版本，只能网管拔板重新安装。网管拔板后，原单板设置都会丢失，单板 OTN 业务类单板配置项很少，并不复杂。

2. 记下原单板波道频率，手机拍照和屏幕截图方式，记下原单板时隙交叉、业务映射、网元内部连接、单板备注。

3. 将该单板时隙交叉全部删除后，单板右键选择拔板，网管提示单板有内部连接，在对话框下面点击“强制拔板”，单板即在网管上拔下。再在槽位右键选择“单板自动安装”，单板上线管理正常。

4. 按之前拍照或截图，依次恢复频率设置、FEC 设置、业务映射、时隙交叉连接、单板属性备注、网元内部连接。恢复与原单板完全相同，时间 5 min 内。

四、总结建议

建议配置备件时，保证备板与现网单板硬件版本保持一致。

中兴 OTN 产品业务类单板，如线路侧业务板、客户侧业务板，单板名称前都带一个版本编号，如 N4M2LS4B 单板。

其中 N＊表示其生产批次，此项不同，备件换上后，在网管面板图下方点击“安插单板”键，弹出界面中，勾选此单板，下方点击更新应安装单板即可。

M＊表示其硬件版本，网络上之前使用的单板，后续可能停产，生产新硬件版本的单板代替它。例如，M2LS4B 早就停产，备件耗完，只能使用新硬件版本单板替换故障件，如 M4LS4B。

当 M 值变化时，前面所说的办法无效，只能网管拔板，再重新安装，重装后，原配置丢失，需手工恢复，但 ZXONE 8700 设备业务类单板设置项很少，并不麻烦。

1. 网管频率设置如图 3-9 所示。

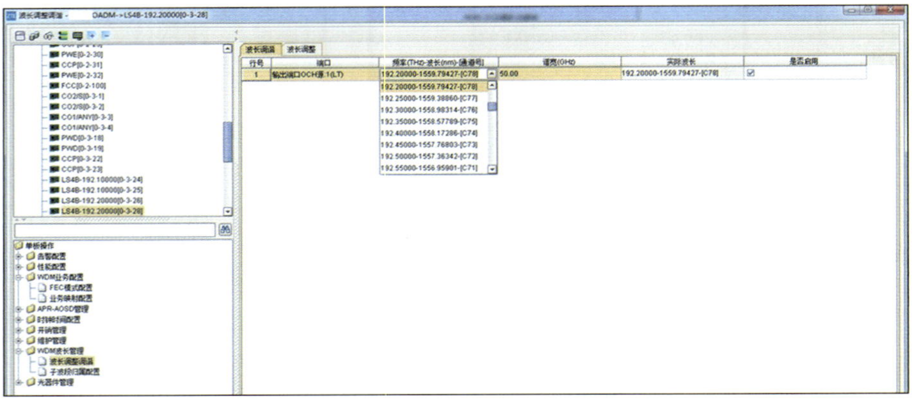

图 3-9　网管频率设置

2. FEC 配置如图 3-10 所示，此配置默认配置，查看即可，如果没有，就配置上。

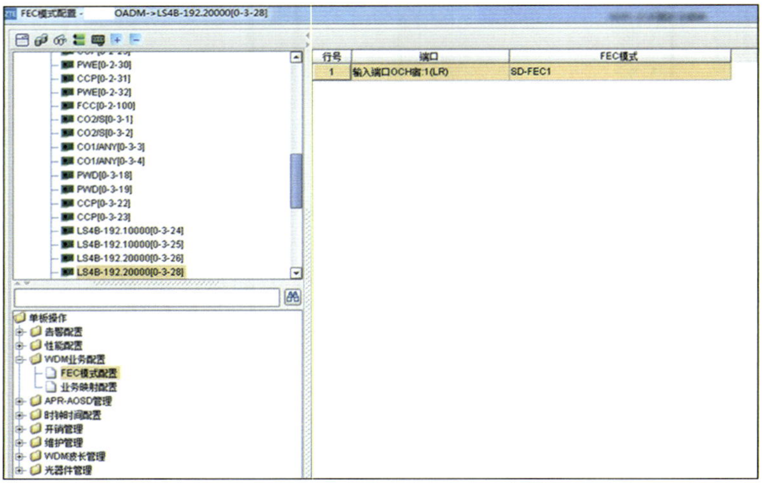

图 3-10　网管 FEC 配置

3. 业务映射如图 3-11 所示。

4. 时隙交叉连接如图 3-12 所示，恢复时只需从左侧向右侧配置一次，双向就自动生成。

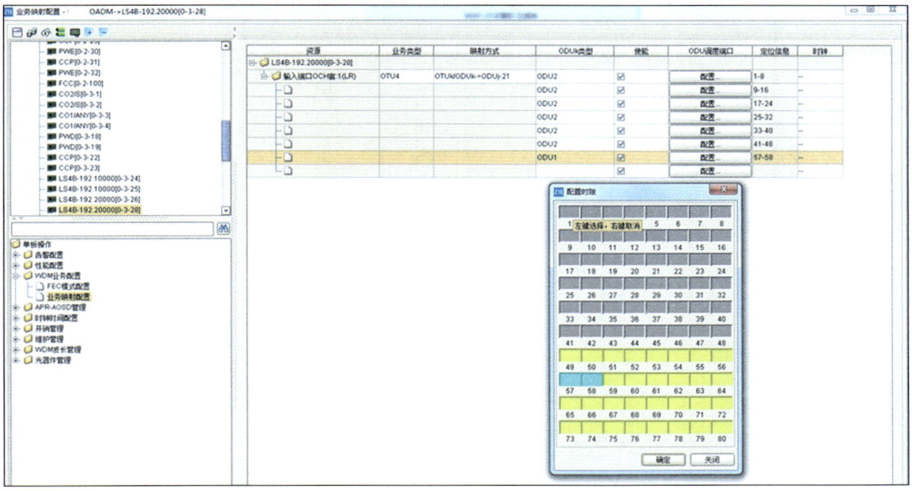

图 3-11　网管业务映射配置

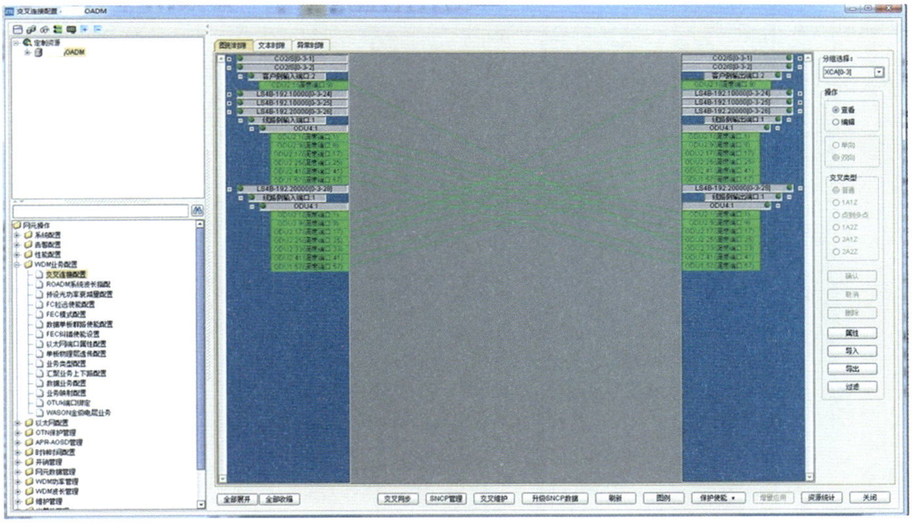

图 3-12　网管交叉连接配置示意图

5. 单板属性如图 3-13 所示，其中只需恢复用户备注信息一项，其他都是默认的，此配置不影响业务，此时业务已经恢复。

6. 网元内部连接如图 3-14 所示，恢复时选择“单向连接”，逐条配置即可，此配置不影响业务，此时业务已经恢复。

7. 客户侧业务单板包含业务映射、时隙交叉连接、单板属性备注、网元内部连接，与上面截图类似。

8. 复杂的内容拍照或截图保留，后面新单板照此恢复即可。

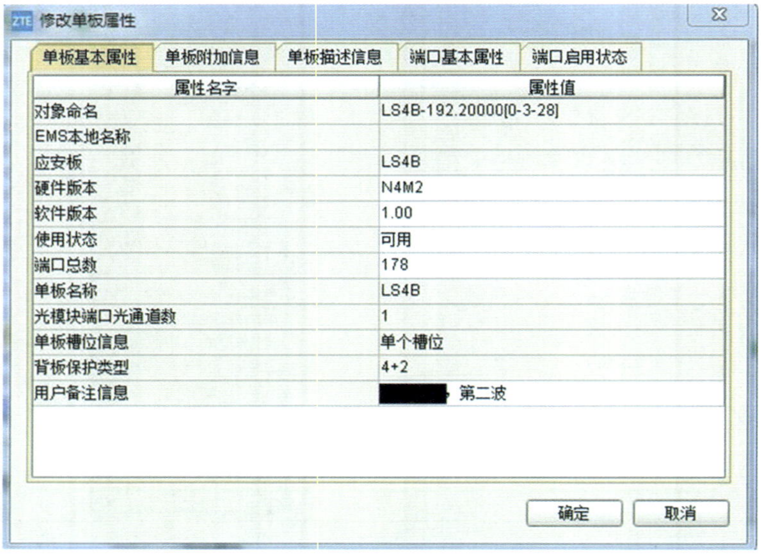

图 3-13　单板属性

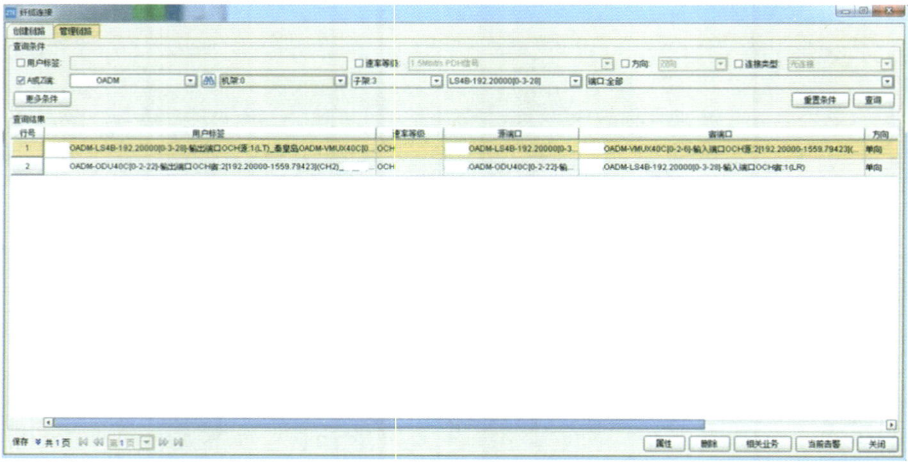

图 3-14　网元内部连接配置

案例 8　中兴 OTN 系统某站 XCA 单板上报背板层信号帧丢失告警

一、问题描述

网管查询发现，某通信站 OTN8700 设备 32 号 XCA 上报背板层信号帧丢失告警，由于交叉板配置 4+2 保护，业务不受影响。

详细告警信息见表 3-1。

表 3-1　详细告警信息

网元内定位	XCA[X-X-32]-业务板信号接收端口:47
告警码	背板层信号帧丢失(告警码:4221)

二、组网介绍

XCA 交叉单元信号处理如图 3-15 所示。

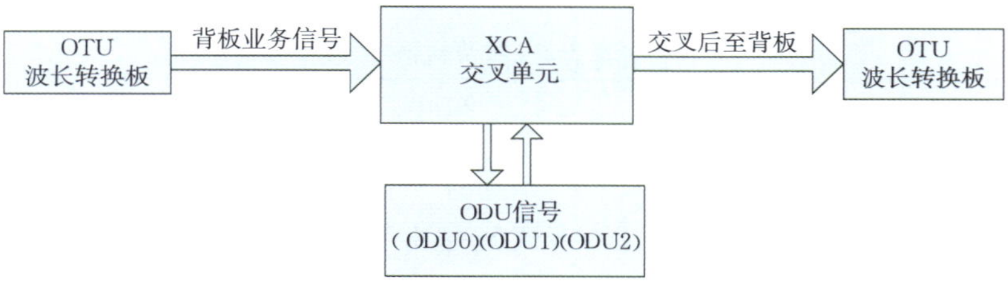

图 3-15　XCA 交叉单元信号处理示意图

XCA-LS4B 背板总线如图 3-16 所示。

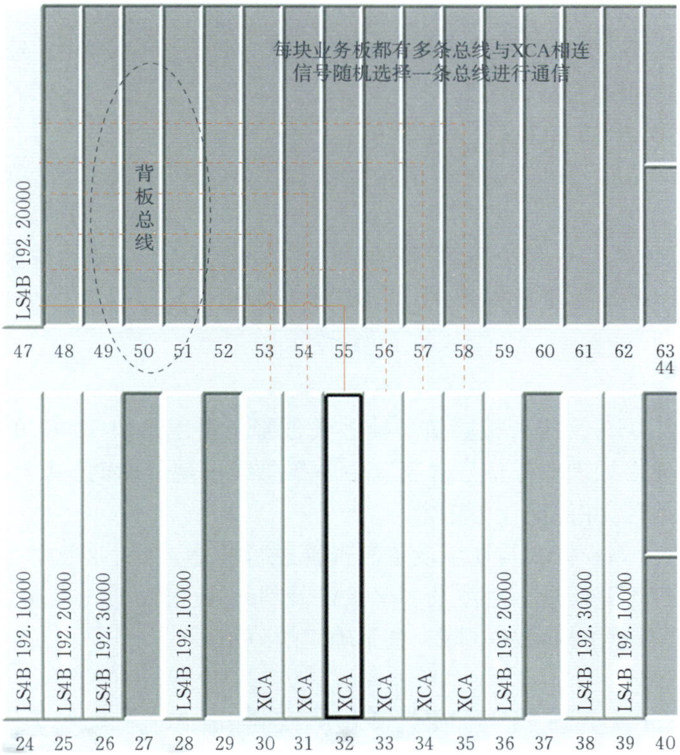

图 3-16　XCA-LS4B 背板总线示意图

三、问题分析

该单站 32 号 XCA 上报背板层信号帧丢失告警，详细信息/网元内定位/XCA(X-X-32)-业务板信号接收端口 47，查询该端口 47 所对应单板 47 号 LS4B100G 单板性能是否正常、业务有无告警，业务正常，其他板卡无告警。判断 32 号 XCA 存在隐患。更换 32 号 XCA 单板后，再次上报背板层信号帧丢失告警，判断问题不是出自 32 号 XCA 单板；继续网管查询 32 号

XCA 业务板信号接收端口 47 所对应 LS4B100G 单板性能正常，业务正常。点击 LS4B100 G 单板不可见告警，上报背板层 BDI 后向失效指示，见表 3-2。现场描述 XCA _ ALM 告警灯常亮/47 号 LS4B100G 有告警-ALM 告警灯常亮（网管未见 47 号单板告警），通知现场复位 47 号 LS4B100G 告警消除，单板存在隐患通知现场更换。

表 3-2　告警代码

网元内定位	LS4B-192.20000[X-X-47]-背板总线接收状态端口:3
告警码	背板层 BDI 后向失效知指示(6573)

由于每块 LS4B100G 单板总线至 XCA 之间是由不同总线连接，所以业务不受影响。根据网管查看该站 32 号 XCA 单板业务板信号接收端口 47 所对应单板 LS4B100G 单板未见告警，原因是未造成业务中断或大误码，该告警级别未达到可预见告警。

四、处理过程

1. X-X-32 号 XCA 上报背板层信号帧丢失告警，网管复位 X-X-32 号 XCA 告警未消除（目的是确认 XCA 是否单板故障）。
2. 通知现场更换 XCA 单板后，告警依旧。
3. 网管查询 XCA 网元定位业务板信号接收端口 47 对应单板 100G 单板上报背板层 BDI 后向失效指示。
4. 现场复位 LS4B100 G 单板后，告警消除（目的是确认 100G 是否单板故障）。
5. 为排除隐患，通知现场更换 47 号 LS4B100 G 单板。

五、总结建议

该通信站 32 号 XCA 上报背板层信号帧丢失告警。由于每块 100G 单板至 XCA 有 6 条不同背板交叉总线连接处理业务信号。当其中一条总线出现异常时，其余总线中随机 1 条总线可分担业务信号处理，并保证业务正常。

处理过程中，网管侧告警要与现场设备侧告警进行核对，确认业务是否正常，并且注意查看网管侧不可预见告警等信息。对涉及多单板告警判断处理依据：先本端，再远端。先处理上报告警单板，再处理对应单板，逐一排查，直至确定故障单板。

案例 9　华为 MSTP EMS1 单板软件版本缺陷引起业务中断

一、问题描述

某日，某铁路局集团公司 A 站点高铁防灾业务故障。主用业务中断，备用业务时断时续。同单板其他业务正常。

二、组网介绍

SDH 设备组网如图 3-17 所示。

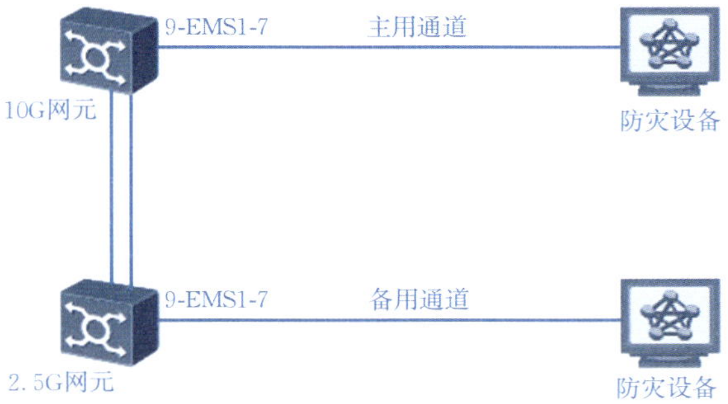

图 3-17　SDH 设备组网示意图

三、问题分析

分析出现上述问题的原因如下：

1. 单板端口故障。
2. 单板版本缺陷。
3. 业务成环，产生风暴。

四、处理过程

1. 网管紧急恢复业务：网管查看防灾业务 10G 网元主用端口无发包，2.5G 网元备用端口发包时断时续，现场将 10G 网元主用端口 9-EMS1-7 线缆改接至 9-EMS1-4，网管做相应端口数据调整，业务无法恢复。

2. 现场继续将 10G 网元主用端口 9-EMS1-7 线缆改接至 10-EMS1-4，网管做相应端口数据调整，业务恢复，初步判断为 9-EMS1 单板问题。

3. 查看现网 EMS1 单板软件版本为 2.34，经核实该版本存在调度器锁死预警，申请两块 EMS1 单板，并将版本升级为 2.37，如图 3-18 所示。

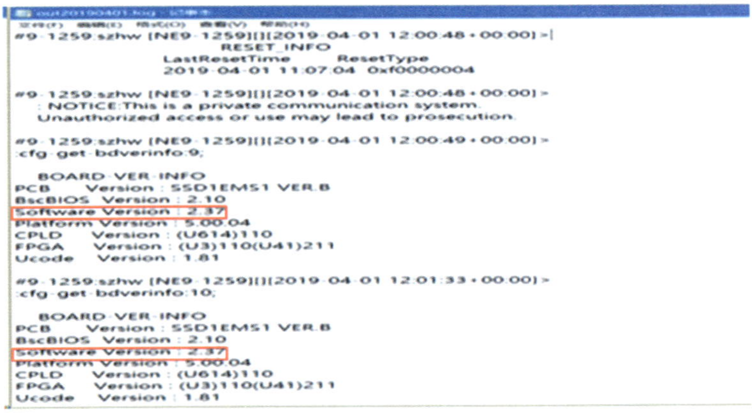

图 3-18　升级脚本

准备更换主用通道所在的 10G 网元 9 槽 EMS1 单板，更换前统计各端口收发包情况见表 3-3。

表 3-3 更换 10G 网元 EMS1 单板前各端口收发包统计表

事件	T41	T40	T39	T38	T37	T36	T35
端口发送速率(kbit/s)	5.878	5.894	5.302	4.808	6.329	5.644	5.878
收到的包(64 字节)(包/s)	13.6	14.4	15.8	10.666	16.6	14.4	13.4
收到的包(65～127 字节)(包/s)	14.4	14.8	13.6	12.5	15.2	14.0	14.8
收到的组播包(包/s)	1.8	1.6	1.4	1.666	2.2	1.6	2.0
收到的广播包(包/s)	16.6	18.4	19.4	14.166	19.8	18.0	16.8
收到的字节(字节/s)	1 964.6	2 092.4	2 068.6	1 721.166	2 310.4	2 037.2	2 010.0
收到的包(包/s)	28.0	29.4	29.6	23.666	32.4	28.8	28.4
发送的包(65～127 字节)(包/s)	9.6	9.6	8.6	7.833	10.4	9.2	9.6
收到的单播包(包/s)	9.6	9.4	8.8	7.833	10.4	9.2	9.6
发送的单播包(包/s)	9.6	9.6	8.6	7.833	10.4	9.2	9.6
发送的好包字节(字节/s)	734.8	736.8	662.8	601.0	791.2	705.6	734.8
对齐错误帧(帧/s)	0.0	0.0	0.0	0.0	0.0	0.0	0.0
FCS 错误帧(帧/s)	0.0	0.0	0.0	0.0	0.0	0.0	0.0

4. 更换主用通道所在的 10G 网元 9 槽 EMS1 单板。操作后端口收发包情况，与操作前相同，见表 3-4。

表 3-4 更换 10G 网元 EMS1 单板后各端口收发包统计表

事件	T15	T14	T13	T12	T11	T10	T9
端口发送速率(kbit/s)	7.2	6.499	5.116	5.116	4.867	5.66	6.982
收到的包(64 字节)(包/s)	18.4	14.4	14.8	13.0	12.2	15.6	15.6
收到的包(65～127 字节)(包/s)	14.6	14.6	14.6	14.0	13.8	14.8	14.6
收到的组播包(包/s)	1.4	1.6	1.4	1.8	1.4	1.6	1.4
收到的广播包(包/s)	19.8	16.4	19.8	17.2	16.8	19.6	17.4
丢包事件(次/s)	0.0	0.0	0.0	0.0	0.0	0.0	0.0
收到的字节(字节/s)	2 274.4	2 027.4	2 044.0	1 930.0	1 819.2	2 119.8	2 095.2
收到的包(包/s)	33.0	29.0	29.4	27.2	26.0	30.4	30.2
发送的包(65～127 字节)(包/s)	12.0	10.8	8.2	8.2	7.8	9.2	11.6
收到的单播包(包/s)	11.8	11.0	8.2	8.2	7.8	9.2	11.4
发送的单播包(包/s)	12.0	10.8	8.2	8.2	7.8	9.2	11.6
发送的好包字节(字节/s)	900.0	812.4	639.6	639.6	608.4	707.6	872.8
对齐错误帧(帧/s)	0.0	0.0	0.0	0.0	0.0	0.0	0.0
FCS 错误帧(帧/s)	0.0	0.0	0.0	0.0	0.0	0.0	0.0

5. 更换完 10G 网元 9 槽单板后，配合防灾厂家排查 2.5G 网元防灾备用业务，选择几个站点分别单独绑定业务，备用业务仍然有时断时续现象，现场将部分业务从 2.5G 网元倒接到 10G 网元 2 的 9-7 口，观察端口收发包多个周期，以太网业务流量正常，判断为 2.5G 网元备用业务端口有问题。

6. 更换 2.5G 网元 9 槽 EMS1 单板，将业务倒接回 2.5G 网元-9-EMS1-7，确认备用业务通道恢复正常。

7. 断开主用通道，测试备用通道切换是否正常，检查业务流量是否正常，见表 3-5。

表 3-5　更换 2.5G 网元 EMS1 单板后各端口收发包统计表

事件	T35	T34	T33	T32	T31	T30
端口发送速率(kbit/s)	221.657	228.808	229.832	212.264	229.116	230.217
收到的包(64 字节)(包/s)	93.285	95.8	94.0	90.4	97.4	91.8
收到的包(65～127 字节)(包/s)	73.428	77.6	75.4	71.2	76.6	77.4
收到的包(256～511 字节)(包/s)	0.142	0.2	0.2	0.0	0.0	0.2
收到的广播包(包/s)	14.714	16.0	13.6	13.4	15.4	15.2
收到的字节(字节/s)	11 204.857	11 727.2	11 418.4	10 812.8	11 655.6	11 450.8
收到的包(包/s)	166.857	173.6	169.6	161.6	174.0	169.4
发送的包(64 字节)(包/s)	79.571	78.8	80.8	74.4	80.4	80.8
发送的包(65～127 字节)(包/s)	0.142	0.2	0.2	0.2	0.2	0.0
发送的包(256～511 字节)(包/s)	70.857	73.8	73.8	68.2	73.6	74.0
收到的单播包(包/s)	152.142	157.6	156.0	148.2	158.6	154.0
发送的单播包(包/s)	150.571	152.8	154.6	142.8	153.8	154.8
发送的好包字节(字节/s)	27 707.142	28 601.0	28 729.0	26 533.0	28 639.6	28 777.2
对齐错误帧(帧/s)	0.0	0.0	0.0	0.0	0.0	0.0
FCS 错误帧(帧/s)	0.0	0.0	0.0	0.0	0.0	0.0

8. 将主用业务恢复，备用通道断开后业务无异常；将备用业务恢复，业务无异常。故障排除。

五、总结建议

1. 通过对业务进行倒换测试、对 EMS1 备件单板进行升级以及现网 EMS1 单板进行更换等操作，高铁防灾业务主备用业务均恢复正常。

2. 故障原因定位为网元 EMS1 单板版本存在预警，单板调度器锁死导致端口发包异常，建议将 2.34 软件版本的 EMS1 单板进行升级。

3. 对于涉及硬件版本类引起的设备障碍，维护人员只需定位到单板即可，故障单板返厂分析。

案例 10　华为 MSTP 背板接触不良导致故障

一、问题描述

A 站点 OSN1500 上报 ETF8 处于单板不在位状态，其他单板运行正常，相关业务中断，如图 3-19 所示。

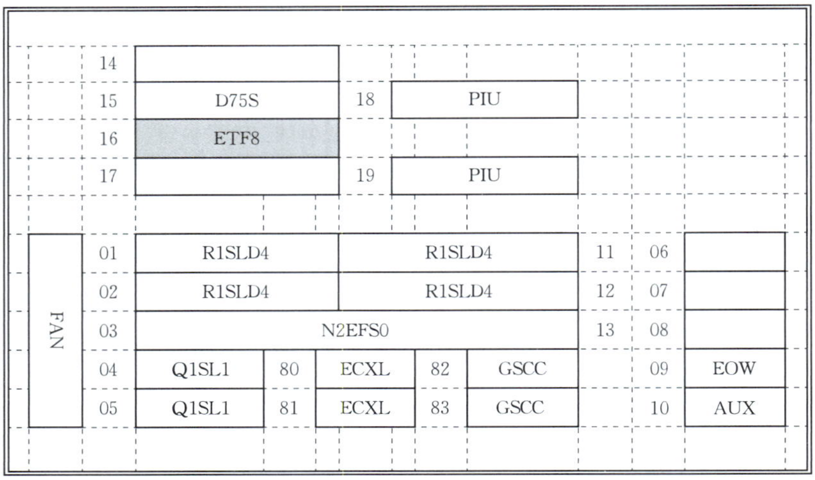

图 3-19　SDH 面板示意图

二、问题分析

初步分析出现上述问题的原因如下：

1. ETF8 单板故障。
2. 交叉板故障。
3. 机框背板、背板插针或总线故障。

天窗点内，更换 ETF8 单板，网管 ETF8 状态仍然处于不在位状态。查看机框背板插针，并进行拍照查看，目测无倒针情况，但机框内部灰尘很多，对设备运行会产生不利影响。

采集设备全量数据、黑匣子数据提交研发分析故障原因。

实验室搭建试验环境测试备件单板是否正常，实验室 OSN1500 主控版本与现网版本一致，均为 5.36.13.47P01。配置测试业务 ETF8 连接两台笔记本测试，通过测试发现实验室自带的 EFS0 配置数据后测试能 ping 通，ETF8 备件正常，排除备件损坏导致不在位原因。

通过实验室 OSN1500 多次测试加上现场机框槽位尘土厚积，判断 ETF8 不在位系网元积尘导致背板信号引脚接触不良或者短路引起，需通过更换 OSN1500 机框来解决此故障。

三、处理过程

1. 记录尾纤、2M 线、网线、告警线、电话线等接口顺序，记录设备单板分布。

2. 天窗点内，网管确认数据库、脚本、SDH 性能、以太网端口、告警等信息备份完毕后，将机柜顶部电源关闭，设备 PIU 电源关闭，进行设备下电，下电后将单板逐一拔出，放至提前铺好的防静电垫上。

3. 安装新的 OSN1500 机框，将单板按照安装提前标好的顺序逐一插至机框中。

4. 单板恢复原状后，设备接通电源，测试电压正常后进行设备加电，同时恢复光纤、网线、2M 线等线缆。

5. 与网管验证业务恢复正常，ETF8 单板运行正常，ETF8 不在位问题解决。

四、总结建议

通过对备件、版本及全量数据分析，ETF8 不在位故障原因定位为网元积尘导致背板信号引脚接触不良或者短路，机房环境导致积尘，易引起背板信号引脚接触不良或者短路。

第四章　线路故障类

案例 1　华为 OTN 线路光缆瞬断导致业务中断但设备无 LOS 告警

一、问题描述

某局点 A 站点 TN11TDX 单板上报四路 ODU1 _ PM _ SSF 告警，TN11NS2 单板上无异常告警，客户 STM-64 业务中断。

二、组网介绍

OTN 站间组网如图 4-1 所示。

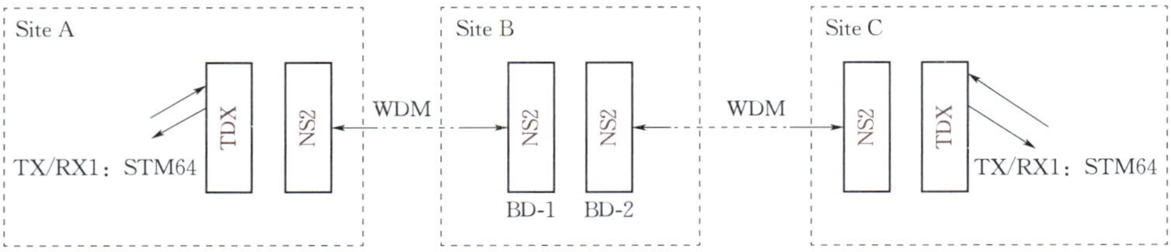

图 4-1　OTN 站间组网示意图

三、问题分析

波分设备业务出现故障时，通常的定位手段为：由故障点开始，往上游逐段、逐块单板排查。

出现该问题的可能原因如下：

1. A 站点 TN11NS2 单板故障。
2. B 站点对接 C 站点的 TN11NS2 单板接收故障，包括线路故障、单板硬件故障。
3. B 站点中两块 TN11NS2 单板间的交叉连接故障，包括 TN11NS2 单板故障、交叉板故障、背板故障。
4. C 站点 TN11TDX 单板到 TN11NS2 单板的交叉连接故障，包括 TN11NS2 单板故障、TN11TDX 单板故障、交叉板故障、背板故障。

四、处理过程

1. 确认 A 站点 TN11NS2 单板波分侧接收告警、性能。

(1)TN11NS2 单板无告警，FEC 纠错前误码率性能为 8、纠错后误码率性能为 0，无 OTU2/ODU2 类误码。

(2)打开 TN11NS2 单板 4 个 ODU1 通道的非介入监视使能，该单板上报 4 路　U1 _ PM _ SSF 告警。

结论:A 站点 TN11NS2 单板,B 站点到 A 站点的线路均正常,故障告警为上游站点透传下来。

2. 确认 B 站点 TN11NS2 单板的告警、性能。

(1)确认 BD-1 TN11NS2 单板系统侧无任何告警。

(2)确认 BD-2 TN11NS2 单板波分侧存在 OTU2 _ DEG、ODU2 _ PM _ DEG。

(3)查询 BD-2 TN11NS2 单板波分侧接收性能,FEC 纠错前误码率为 8。

(4)查询 BD-2 TN11NS2 单板历史告警,OTU2 _ DEG、ODU2 _ PM _ DEG 之前多次瞬报。

(5)查询 BD-2 TN11NS2 单板波分侧历史接收性能,FEC 纠错前误码率多个周期发生变化,2~8 之间反复变化。

(6)查询 BD-2 TN11NS2 单板波分侧历史接收性能,接收光功率在-11~-7 dBm 之间发生变化。

结论:B 站点 BD-2 TN11NS2 单板接收光功率劣化,导致故障发生。需要进一步确认导致该单板接收光功率劣化原因。

3. 查询主光路各单板的告警、性能。

(1)确认 BD-2 TN11NS2 单板上游光放板输入光口的当前告警、性能,正常。

(2)确认 BD-2 TN11NS2 单板上游光放板输入光口的历史告警、性能,发现瞬报 1 次 MUT _ LOS 告警,多个性能周期存在最小输入光功率为-60 dBm 的情况。

(3)确认 BD-2 TN11NS2 单板上游 TN12FIU 单板的历史告警、性能,无历史告警,输入光功率性能存在 8 dB 的跌落。

(4)确认 BD-2 TN11NS2 单板方向 TN11SC2 单板的历史告警、性能,无历史告警,多个周期存在最小输入光功率为-60 dBm 的情况。

结论:B 站点接收 C 站点的主光路存在瞬断情况,由于光放接收光功率和 OSC 接收光功率都存在跌落,可以确认是光缆故障。

4. 进一步证实分析结论,确认 C 站点往 B 站点发送光功率性能。

(1)确认 C 站点发 B 站点的光放发送光功率历史性能,正常。

(2)确认 C 站点发 B 站点的 TN12SC2 单板发送光功率历史性能,正常。

5. 通过步骤 3 和步骤 4,进一步确认故障原因为线路侧光缆故障。

五、总结建议

当线路瞬断时,各单板由于检测灵敏度存在差异,可能存在部分单板无 LOS 告警上报、接收光功率最小值无-60 dBm 上报的情况。但可以通过历史告警结合组网中涉及的 OLP/OAU 等单板确认是否存在 LOS 或者 IN _ PWR _ LOW 告警,从历史性能最大、最小值确认是否存在光功率突降。

案例 2 华为 OTN 链路 LOCAL _ FAULT 和 REMOTE _ FAULT 问题

一、问题描述

某网络路由器侧有 LOCAL _ FAULT 告警,路由器业务发生倒换。波分侧有 REMOTE _

FAULT 告警，需要定位倒换原因。

二、组网介绍

OTN 站间组网如图 4-2 所示。

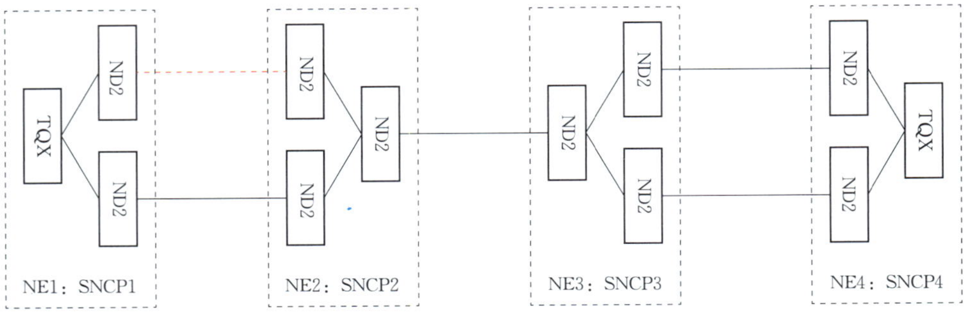

图 4-2　OTN 站间组网示意图

注：ND2 和 ND2 之间通过光路连接，中间有 M40、OBU、FIU－FIU、OBU、D40。

三、问题分析

通过分析 LOCAL _ FAULT 和 REMOTE _ FAULT 的原理，确定是由于波分链路上一块 OBU 单板故障，导致下游 ND2 单板上报 R _ LOS 告警，从而导致路由器业务倒换。

故障定位处理过程如下：

1. 确认业务类型为 10GELAN，映射模式为 Bit 透传模式。
2. 确认上报 REMOTE _ FAULT 的网元是否存在其他异常告警，如 R _ LOS 告警。
3. 发现 ND2 波分侧存在 R _ LOS 告警，向上游排查，发现上游 OBU 单板无输出光功率。

四、处理过程

更换 OBU 单板后，业务恢复正常。

五、总结建议

在发现有 LOCAL _ FAULT 或 REMOTE _ FAULT 告警时，先根据该告警的原理，确认上下游网元是否存在其他异常告警，处理完这些告警后再确认是否仍有问题。

六、知识扩展：REMOTE _ FAULT 和 LOCAL _ FAULT 原理

场景一：波分侧故障

当 WDM 网络出现故障时，OTU 单板客户侧会下插 LOCAL _ FAULT 维护信号，如图 4-3所示。

仪表收到 LOCAL _ FAULT 维护信号后产生 LOCAL _ FAULT 告警，同时向 OTU 单板回插 REMOTE _ FAULT 信号，OTU 板会上报 REMOTE _ FAULT 告警，如图 4-4 所示。

OTU 单板配置为 Bit 透传模式时，REMOTE _ FAULT 信号会透传到对端仪表，对端仪表也会上报 REMOTE _ FAULT，如图 4-5 所示。

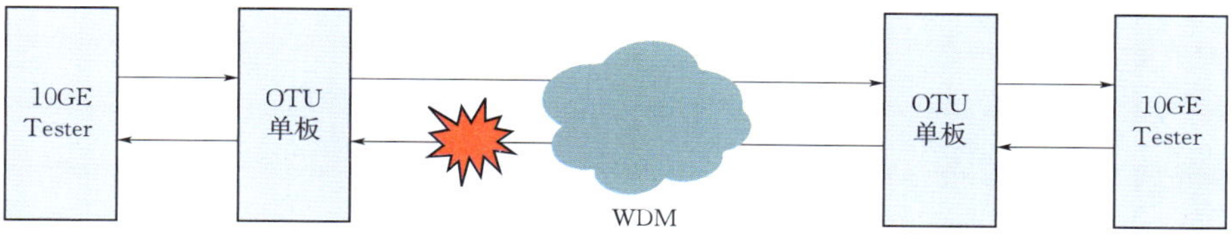

图 4-3　场景一网络示意图

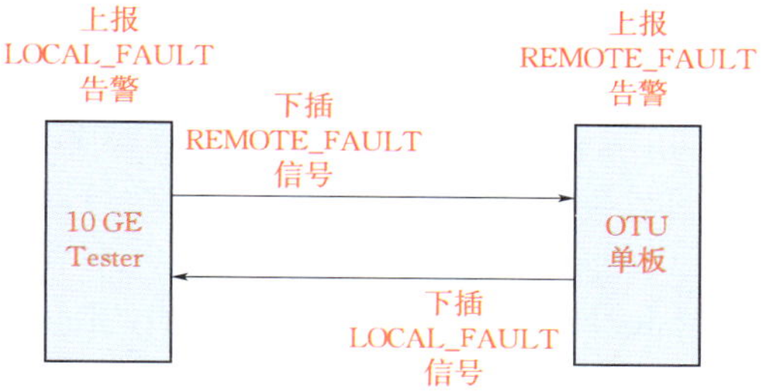

图 4-4　场景一告警示意图

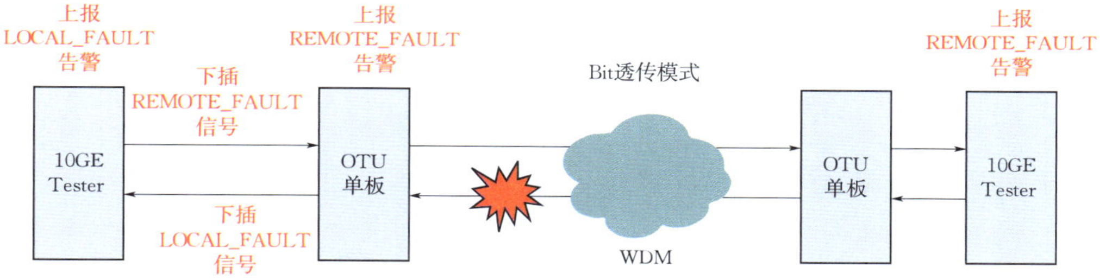

图 4-5　场景一 Bit 透传模式告警示意图

OTU 单板配置为 MAC 映射模式时，REMOTE _ FAULT 信号会被 OTU 板终结，下游仪表无 REMOTE _ FAULT 告警，如图 4-6 所示。

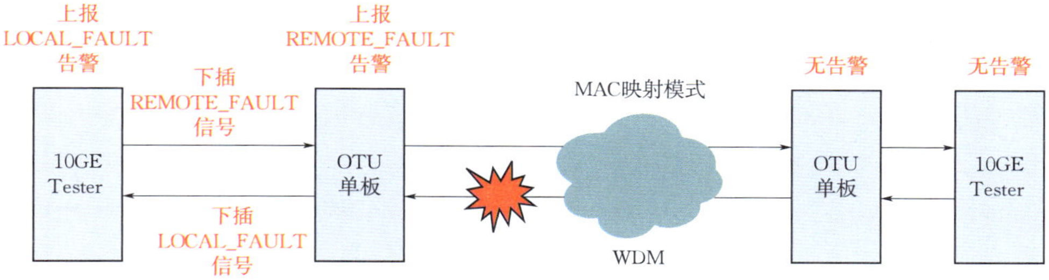

图 4-6　场景一 MAC 映射模式告警示意图

场景二：客户侧接入故障

OTU 单板客户侧检测到故障，在 Bit 透传模式时，出现如下两个现象：

OTU 单板(A)上报 LOCAL _ FAULT 告警；

OTU 单板(A)下插 xxx 维护信号，下游对接的仪表 10GE Tester(B)上报 LOCAL _ FAULT 告警，同时回插 REMOTE _ FAULT 信号，10GE Tester(A)收到 REMOTE _

FAULT 信号后上报 REMOTE _ FAULT 告警，如图 4-7 所示。

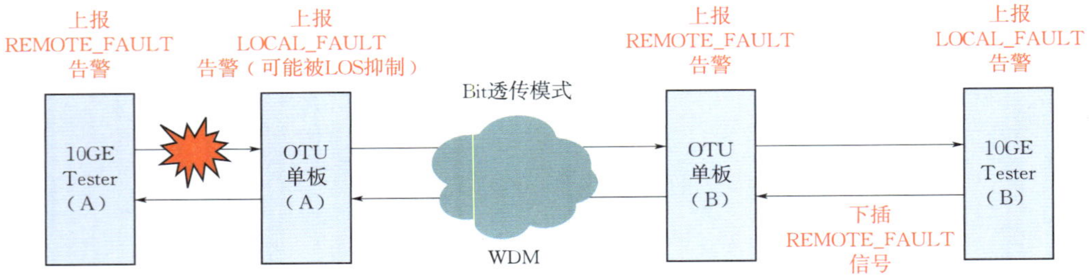

图 4-7　场景二 Bit 透传模式告警示意图

OTU 单板客户侧检测到故障，在 MAC 映射模式时，OTU 单板（A）上报 LOCAL _ FAULT 告警，并回插 REMOTE _ FAULT 信号，仪表 10GE Tester（A）上报 REMOTE _ FAULT 告警；OTU 单板（A）同时向对端单板下插 IDLE 帧，下游仪表和单板无告警，如图 4-8 所示。

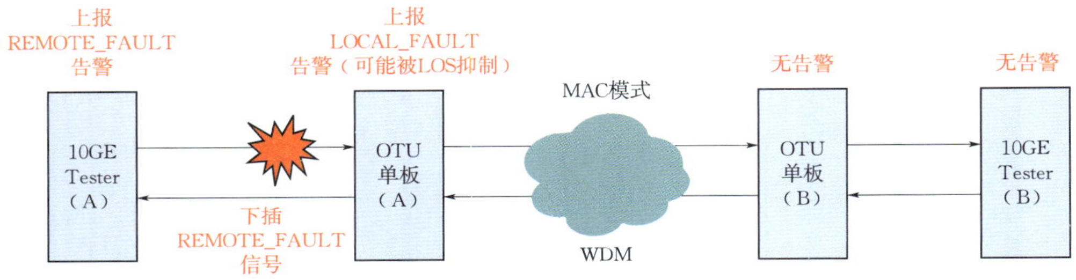

图 4-8　场景二 MAC 映射模式告警示意图

场景三：OTU 单板客户侧发送故障

OTU 单板客户侧发送故障时，在 Bit 透传模式时：

仪表会上报 LOCAL _ FAULT 告警，同时回插 REMOTE _ FAULT 信号给 OTU 单板，单板上报 REMOTE _ FAULT 告警。

REMOTE _ FAULT 在 Bit 透传模式时，会透传到下游仪表，对端仪表也上报 REMOTE _ FAULT 告警，如图 4-9 所示。

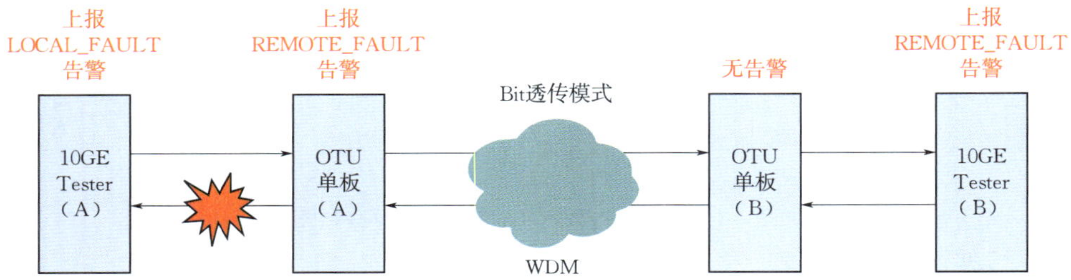

图 4-9　场景三 Bit 透传模式告警示意图

OTU 单板客户侧发送故障时，在 MAC 映射模式时：

仪表会上报 LOCAL _ FAULT 告警，同时回插 REMOTE _ FAULT 信号给 OTU 单板，单板上报 REMOTE _ FAULT 告警。

REMOTE _ FAULT 在 MAC 模式时，下游单板和仪表都无告警，如图 4-10 所示。

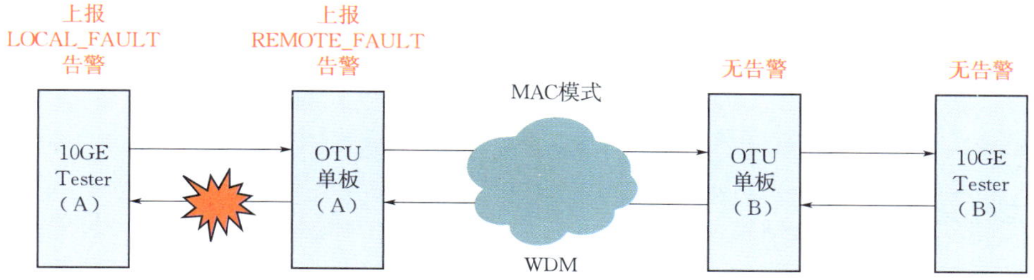

图 4-10　场景三 MAC 映射模式告警示意图

案例 3　华为 OTN 100G 单板上报 IN _ PWR _ LOW 告警

一、问题描述

在 E 站点上，某 NS4 单板波分侧开始上报 IN _ PWR _ LOW 告警。A 站点的 NS4 单板都与 E 站点的 NS4 单板对接，中间均为 OLA 站点。

二、组网介绍

OTN 设备 OMS 段组网如图 4-11 所示。

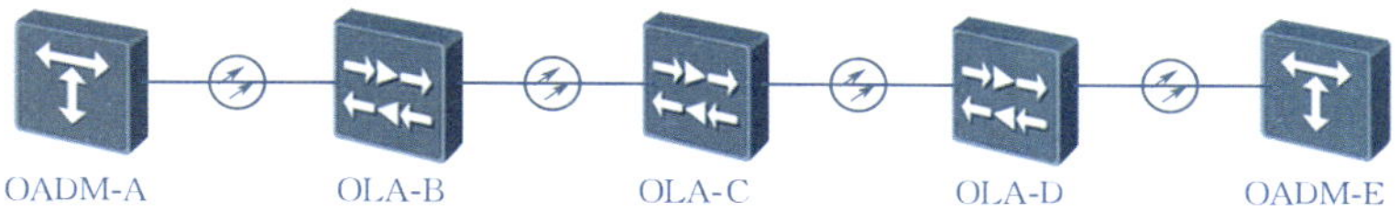

图 4-11　OTN 设备 OMS 段组网示意图

三、问题分析

NS4 单板上报 IN _ PWR _ LOW 告警，说明波分侧输入光功率已经低于正常的低门限，如果不及时处理，输入光功率进一步降低，就会有中断业务的风险。NS4 单板上报 IN _ PWR _ LOW 告警的原因有以下可能：

1. 光纤连接器污损，尾纤弯曲度过大、损坏或老化。
2. 上报告警单板的接收光口加了过大的光衰减器。
3. 对端站单板的发送光口添加过大的光衰减器或者发送光模块故障。
4. 光信号在传输过程中衰减过大，没有得到足够的光放大补偿。
5. 上报此告警的单板故障。

四、处理过程

1. 如果多块单板在一段时间内开始上报 IN _ PWR _ LOW 告警，重点关注："光信号在传输过程中衰减过大，没有得到足够的光放大补偿"的可能性最大，查询 E 站点 OLP 收 A 站点输入光功率是否有降低，判断是否由主光光功率变化所引起。

2. 若主光无明显降低，根据 NS4 单板接收光的信号流，查询各个单板的当前性能值或者 15 min 历史性能值，比较光功率的变化。

3. 查询对端 A 站点 NS4 板发光正常，与该 NS4 板相连的 D40 板输入光功率正常，判断为 D40 与 NS4 板间光纤损坏或者该 NS4 板接收侧光模块以及单板故障。

4. 更换 D40 至 NS4 板间跳纤后，告警消失，该 NS4 板输入光功率正常。

五、总结建议

1. 对于紧急告警，必须及时处理。有些告警可能当时不会出现中断业务的风险，但如果不及时处理，随时可能中断业务，而且很多可以参考的信息就会丢失，这样会增加以后处理问题的难度，比如 24 h 性能只能保存不到一周。

2. 在日常维护过程中，应该保存一份网络正常运行时单板的输入/输出功率、增益值、衰减值等信息，以便在线路发生问题时，这些值可以作为参考。

案例 4　中兴 OTN 系统主备光缆中断单链无保护业务应急倒代处置

一、问题描述

中兴 OTN 系统 OLA 站 B—C 间主备光缆发生中断，如图 4-12 所示，B、C 站点 SOSCB 板上报监控光丢失告警，SOP 单板 1、2 口上报输入无光告警，东西两侧最近 OADM 网元 A、D 站点 192.1 100G 线路单波上报输入无光告警，G 站点 0-4-20 192.1 单板上报 ODU4 帧丢失告警。

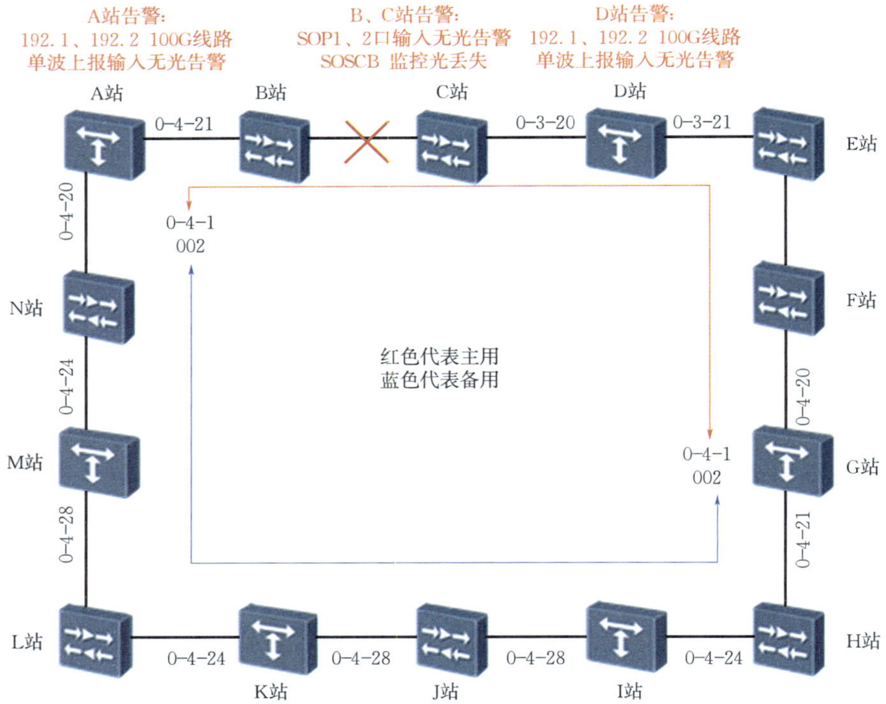

图 4-12　中兴 OTN 环网组网示意图

二、问题分析

1. A、D站点100G线路波长转换板192.1单波上报输入无光告警，因线路波长转换板物理光口仅有一对，且方向为外线光缆侧，所以判断障碍原因为区间B、C两站间主备光缆中断所致。

2. 网管查询线路波长转换板192.1单板承载电路种类，并确定影响范围，汇总情况如下：部分子波承载SDH系统链路，SDH系统已出现复用段环倒换；部分子波配置SNCP业务，已自动切换；部分子载波承载单链无保护业务AG(10GE电路)已中断。

3. 立即组织线路抢修B—C间主备光缆；立即采取在线创建SNCP的方法，应急抢通单链无保护电路。

三、处理过程

1. 通知B—C所在局集团公司启动光缆应急预案，组织抢修。

2. 网管中心启动中断电路应急预案，临时抢通AE(10GE)电路。

(1)首先要配置SNCP业务的(A/G两站)M、K、I中间OADM站对应波道的WDM业务配置—业务映射配置、ODU*k*类型，如图4-13所示，在配置中间OADM站串通时隙，点击“编辑”，交叉类型选择“普通”，点击“确认”“增量应用”，如图4-14所示。

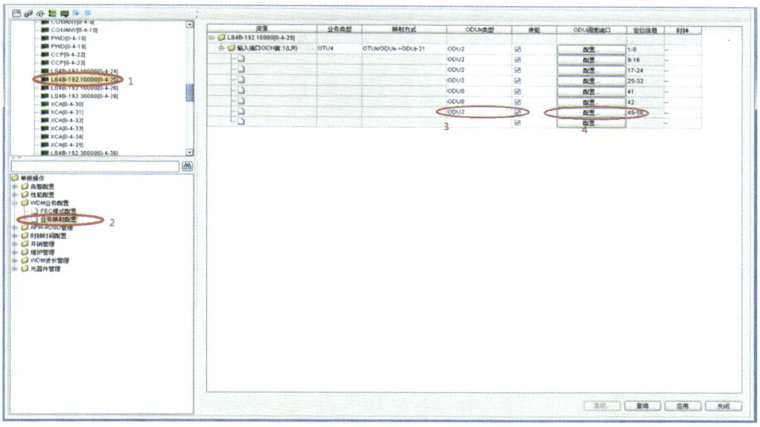

图4-13　业务映射配置示意图

(2)中兴OTN设备ODU*k*最小计算颗粒为GE，如果抢修电路带宽为10GE，且为100G单板里的第二子波道，则选择ODU2:9调度口9，每8个ODU0为一组。点击“编辑(A/G两站)”，给原有业务重新配置SNCP业务，重新配置(A/G两站)0-4-1CO2业务单板至0-4-20、0-4-21两个方向的100G同一波道单板交叉连接，点击“编辑”，交叉类型选择“1A2Z(2A1Z)”，点击“确认”“增量应用”，如图4-15所示。

3. 局集团公司光缆抢修完毕，可将配置的SNCP保护通道先切换至主用通道(红色路径)，观察无异常后，再删除新创建路径(蓝色路径)，恢复电路原规划路径。

四、总结建议

1. 当OTN网络出现主备光缆中断、放大板、光线路保护单板、合分波单板障碍、100G单板障碍时，会出现单波输入无光的情况，维护人员需尽快确认影响范围，将无保护单链业务按

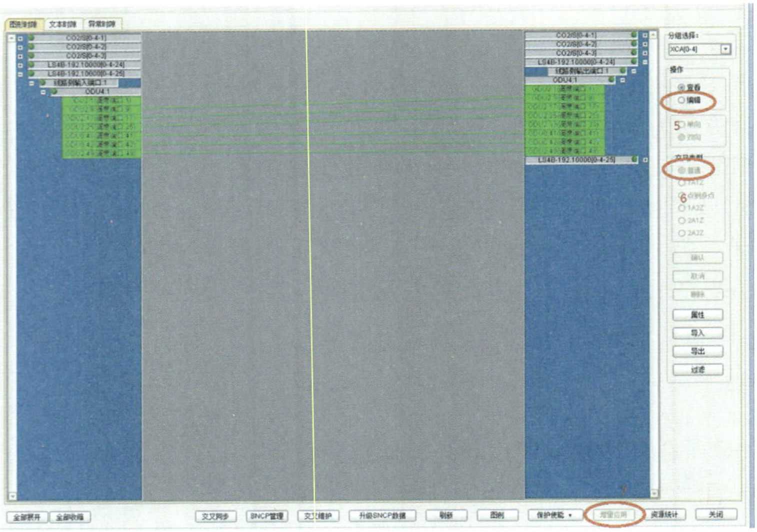

图 4-14　中间站穿通时隙配置示意图

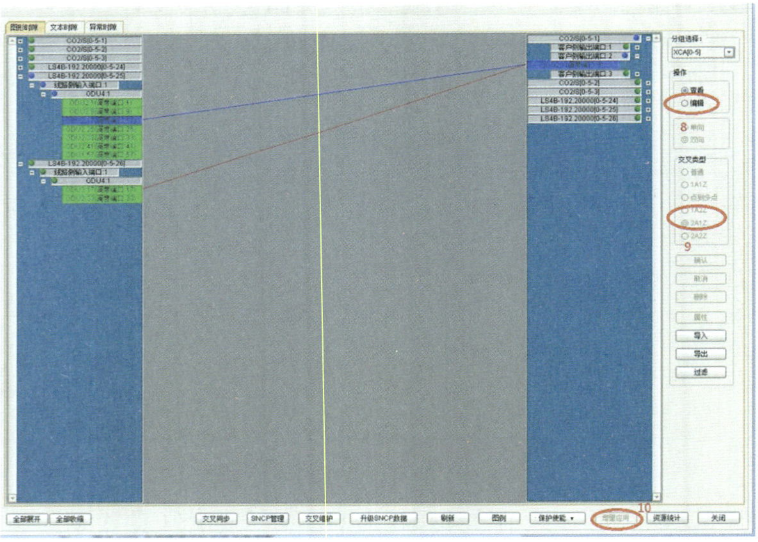

图 4-15　双发选收时隙配置示意图

照铁路电路等级进行逐一抢通。

2. 在线创建 SNCP 时，应合理规划业务路径，避免长距离绕行导致时延过大，降低电路使用性能。

案例 5　中兴 OTN 光缆熔接成环导致业务中断

一、问题描述

某 OTN 网络，G 站点和 F 站点之间主用光缆中断，如图 4-16 所示，SOP 单板倒换至备用通道，业务正常；当维护单位修复中断处光缆后，SOP 单板倒换告警恢复，通过 G、F 站点的业务反而中断。

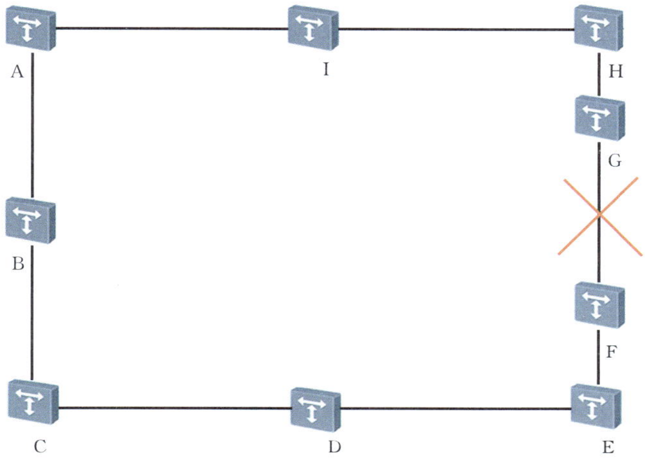

图 4-16　中兴 OTN8700 组网示意图

二、问题分析

网络之前无问题，光缆中断，修复光缆后出现此现象，一定与光缆修复动作有关，重点从主光路方向入手排查。

三、处理过程

1. 由于业务中断发生在光缆修复后，尝试模拟光缆中断进行测试。

2. 网管上关闭 F 站点的 EONA 单板 OUT 端口，发现 F 站点的 EONA 单板 IN 口输入无光，而不是对端 G 站点的 EONA 单板 IN 端口输入无光，说明维护单位光缆熔接错误。

3. 通知维护单位重新修复光缆。

四、总结建议

处理故障时，需要判断故障发生前的所有动作，可提高故障判断率。本案例是熔接光缆后导致业务中断，那么需要判断光缆是否熔接错误。

案例 6　中兴 ZXMP M8700 系统两站间更换光缆后波道失效

一、问题描述

某 OTN 网络，A—B 站点之间光缆中断，如图 4-17 所示。更换外缆后，下游 C、D、…、O 站点波道失效，闪报 ODU-LOFLOM 告警，性能事件中有 SM、PM 误码秒。

二、问题分析

1. 光缆类型不一致。

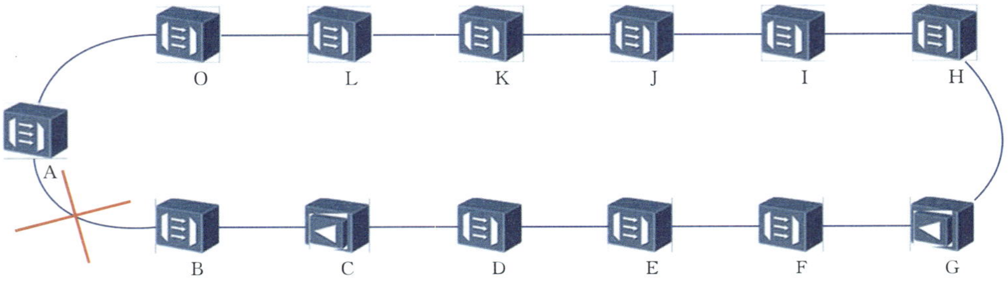

图 4-17　中兴 OTNZXMP M8700 组网示意图

2. 光缆修复过程中，强光导致 LS4B 单板损坏。
3. 瞬时强光导致 OA 损坏。
4. 光缆距离变化，导致色散补偿不合理。
5. 光缆衰耗变小，入纤光功率过高，引起非线性效应。

三、处理过程

光缆中断前，C、D、…、O 站点波道性能正常，无告警。光缆故障后，现场更换光缆纤芯，更换前后光缆类型一致，光缆距离一致，光缆衰耗减小 15 dB。查看系统只有两波，标称输出光功率 +3 dBm，由于波数小于 4，可以将 OA 输出光功率控制在 +5 dBm，查看 OA 实际输出光功率达到 +14 dBm，怀疑产生非线性效应导致波道不可用，通知维护人员在 OA IN 口添加 7 dB 衰耗器，满足现网波道配置要求，告警消失，业务恢复。

四、总结建议

处理外缆故障时，更换光缆一定要满足光缆类型一致，光缆距离一致。当光缆衰耗减小时，在收端添加相应衰耗器，保证收光在合理范围，否则可能引起业务中断。

案例 7　华为 MSTP 由于线路非线性效应导致复用段倒换故障

一、问题描述

某局高铁线路 D 站点 10G 对 C 站点方向发生复用段倒换，如图 4-18 所示，业务从 11 槽光板主用通道倒换至 12 槽保护通道。D 站点 OSN7500 与 C 站点 OSN7500 1+1 线性复用组网；D 站点 OSN7500 上报 MS _ APS _ INDI _ EX 告警，1+1 线性复用段倒换发生倒换，业务倒换至备用通道，业务正常运行。

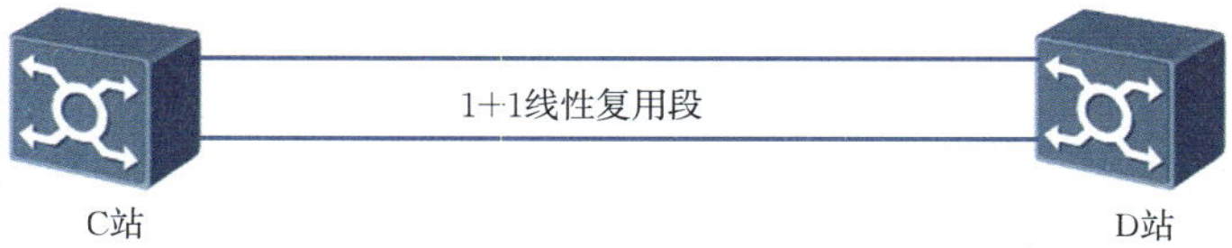

图 4-18　SDH 设备 1+1 线性复用段组网示意图

二、问题分析

通过网管查询除倒换告警外无其他异常告警，D 站点 10G 设备 11-SL64 单板有误码，且线性复用段设置 SD 使能，判断为误码积累触发 SD，从而发生复用段保护倒换。

经分析 D 站点复用段 K 字节，11-SL64 单板检测到 SD 误码，发生倒换之后 SD 误码清除，为误码累积到门限产生的线性复用段倒换。

查看 D 站点 24 h 历史性能事件，近一段时间都存在再生段和复用段少量随机性误码，查询光功率为−5.7 dBm，光功率稳定正常，没有变化。

查看 D 站点 12-SL64、CZX 7-SL64、8-SL64 单板均无误码上报。

可能存在的问题：D 站点的 11-SL64 单板的收口，BPA、DCU 和 C 站点的 7-SL64 单板的发口，BPA 板以及中间传输光缆存在故障。

三、处理过程

1. BPA 单板排查：分别更换 D 站点收侧、C 站点发侧 BPA 单板，查询仍然有误码上报，排除 BPA 单板导致误码原因。

2. 尾纤排查：分别清洁并更换 D 站点收侧、C 站点发侧尾纤，查询误码仍然存在。排除尾纤导致误码原因。

3. DCU 单板排查：现场更换 D 站点和 C 站点光板，误码仍存在，排除光板导致误码原因。

4. 光缆纤芯排查：D 站点、C 站点同时在 ODF 侧倒换主用通道的收发，误码变大并且没有随纤芯转移。两端分别打外环，D 站点仍有误码产生。由于 D 站点至 C 站点光缆长度为 92 km，打环并不能完全排除光纤原因。

5. C 站点发光排查：在 C 站点 BPA 单板 Bout 口加 2 dB 光衰使得 C 站点入纤光功率降低 2 dB，误码消除，将业务倒回主用通道，观察 1 h 无异常，告警消失，故障排除。

四、总结建议

本次问题定位为：C 站点 10G 侧入光缆光功率偏高，光缆长距离传输引发非线性效应，导致 D 站点 10G 收到误码，误码积累触发 SD，发生复用段保护倒换。

光纤传输的衰耗和色散与光纤长度是呈线性变化的，呈线性效应，而带宽系数与光纤长度呈非线性效应。由于光纤长度限制，采用 EDFA 进行放大补偿时，在放大光功率的同时，也使光纤中的非线性效应大大增加，成为影响系统性能、限制中继距离的主要因素之一，同时也增加了 ASE 等噪声。

案例 8　华为 MSTP MSP 环在光缆恢复后业务不倒回

一、问题描述

某局某高铁线路 A 站点与 B 站点间光缆中断，之间配置 MSP 保护环，如图 4-19 所示，中断后正常倒换，但是现场反馈光缆恢复后，MSP 保护环网未按照倒换规则倒回主光缆。

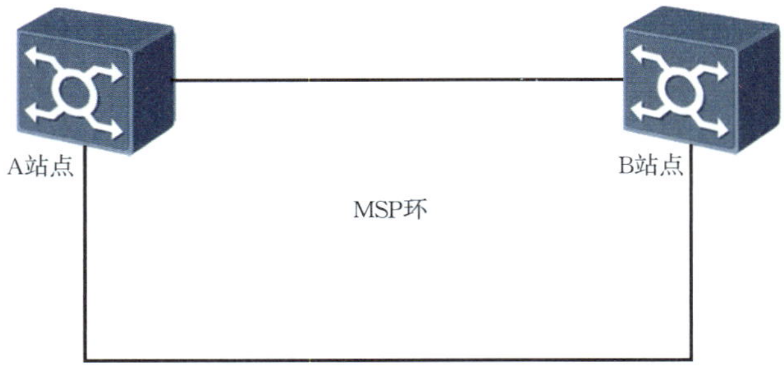

图 4-19　SDH 设备组网示意图

二、问题分析

此问题一般为设备配置问题或者光缆质量问题，由于可以倒换，暂时判断为倒换机制正常，所以暂时可以排除设备本身故障问题。

三、处理过程

1. 检查网元所在 MSP 环网的配置，配置为自动恢复，检查当前状态为倒换状态。

2. 检查光功率显示正常，自动恢复时间到后倒换告警依然存在。

3. 在 A 端一侧下插告警，发现对端未收到，在 A 端本端收到，判断为光口是环回状态，让现场继续检查光纤，现场反馈光纤在跳纤侧错连导致光口两端分别环回，修正后倒换正常恢复。

四、总结建议

本次问题为现场易出现情况，判断光纤错连的方法一般可以用下插告警或者修改追踪字节标识的方法判断光缆错连问题。

案例 9　中兴 ZXMP S385 光缆中断后业务中断故障

一、问题描述

某局光缆故障，造成中兴传输网承载的保护通道业务中断。中兴传输网 A 站点至 B 站点设备对接的两块 OL4 光板网管上均监测到信号丢失及“TU12 告警指示信号”告警，如图 4-20 所示。调整业务路由，业务未恢复正常，C 站点 S385 设备 2 槽 EPE1 板所有 2M 业务中断，所有 2M 端口上报“TU12 告警指示信号”等主要告警。同时对 C 站有告警的 2M 端口进行确认，业务均处于中断状态。

1. 首先根据业务通道紧急程度优先处理，将其路由调整到应急路由通道上，同时通知现场班组人员到 A、C 站点故障现场进行光缆恢复等工作。

2. 根据设备当前告警，在网管上分别对 C 站点的 EPE1 板、CSF 板、时钟板由主用切换至备用，以及更改 C 站点时钟的抽线路方式等操作，但告警一直存在。同时在站点现场人员的配合下，对 2 槽的 EPE1×63 与 1 槽 EPE1×63 进行调换，告警未消失。

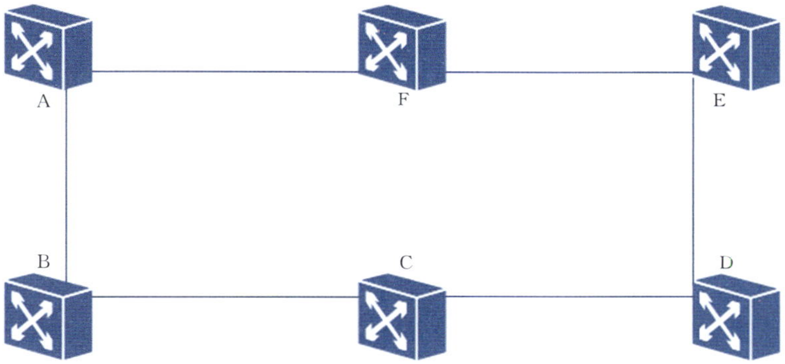

图 4-20　ZXMP S385 组成环网示意图

3. 经现场人员紧急抢修，光缆暂时得到修复，A 站点设备至 B 站点设备上出现的光物理信号丢失等告警消失，但 C 站点设备的告警依然存在，业务也未恢复正常。

4. 更改 C 站点时钟的抽线路方式分别由 7 槽 OL64 板改为 11 槽 OL16 板和 3 槽 OL4 板，同时对 11 槽 OL16 板进行硬复位操作，业务未恢复正常。

5. 通知现场人员对设备 C 站点关电重启后，C 站点的告警消失，同时业务恢复正常。

二、问题分析

分析业务中断时间，根据各站点的业务告警来看，确定是 15:01 开始。查看 U31 网管的操作日志 15:01，网管上有对 C 站点设置网元的交叉连接操作，创建交叉 4 条，删除交叉 8 条，操作结果是成功的。时间点上是与业务中断时间完全吻合。

分析 C 站点业务中断应该是 3 月 2 日 14:53，A 到 B 光缆中断，有业务经过故障光路，但是业务没有保护导致业务中断，现场调整时隙恢复中断的业务。15:01 修改 C 站点的时隙交叉配置导致业务中断。

现场反馈该站点之前主控板做过更换操作，从 ENCP 单板更换成 ANCPB 单板。

1. 现场反馈更换步骤

(1)现场工程师在便携电脑网管(U31 R22 V12.15.10)上创建 C 站点网元，然后连接设备把设备数据上载到便携电脑网管，并做单站的网元数据备份。

(2)把 ENCP 单板更换成 ANCPB，并写好 IP 地址。

(3)把便携电脑网管创建的 C 站网元删除，新建离线的 C 站点网元(3.01 版本)。

(4)离线状态恢复 C 站点网元数据。

(5)数据恢复后，网管把 ENCP 单板拔掉，安插 ANCP 单板。

(6)更改 C 站点为在线状态，此时查看 C 站点网管无异常告警，做数据下载操作。

(7)数据下载完成后，现场工作完成。

2. 网管侧(U31 R22 V12.19.10)

(1)现场工作完成后，网管离线 C 站点网元后删除，删除后再新建 C 站点网元(3.01 版本)。

(2)新建 C 站点网元显示在线后，做数据上载操作。

(3)数据上载完成后，新建 C 站点与其他站点的连纤。

(4)查看网管无异常告警,操作结束。

三、处理过程

从现场的更换步骤看是更换 ANCPB 单板后下库的操作,只是将交叉下载到 ANCPB 单板上,并没有下发到设备的交叉板上,导致交叉板上保存的交叉配置还是之前 ENCP 单板配置的交叉。

1. 现网使用的 ENCP 已经在网很久,ENCP 和交叉板上的数据是经过多次增量下发形成的数据。这个数据配置结果对于时分交叉资源利用率并不是最优。

2. 更换 ANCPB 后,由于 ANCPB 上是空数据,所以网管下发数据时是提前将业务统筹安排全量一次性下发的,资源的配置结果是最优的(这个时候,增量算法和全量算法结果是一样的),但这个数据不会下发到交叉板上。所以,更换 ANCPB 后,网管和 ANCPB 上的交叉配置数据是一致的,但与交叉板上的交叉配置数据是有差异的。

3. 后面有增量下发业务时,由于 ANCP 上的交叉配置与交叉板上的交叉配置存在不同,所以导致业务中断。

因为设备重启后,交叉板上之前 ENCP 单板配置保存的交叉数据丢失,单板重启后从 ANCPB 单板重新获取交叉配置,因为 ANCPB 的交叉配置数据和网管的交叉配置数据是一致的,都是正确的,所以业务得以恢复。

查询设备单板的复位记录发现:在 18:05 设备掉电重启之前,在 17:54 有复位 8 号交叉板的操作,因为只复位 8 号的交叉板,复位后业务倒换到 9 号交叉板,9 号交叉板的交叉还是有问题的交叉,所以不能恢复业务,需要再复位 9 号交叉板才能够恢复业务。

四、总结建议

ENCP 单板更换 ANCPB 单板后需进行下库操作,同时在业务交叉配置界面进行应用,保证 ANCPB 单板、网管、交叉板数据一致。

3 月 2 日 14:53,A 到 B 光缆中断,有业务经过故障光路,但是业务没有保护导致业务中断,现场调整时隙恢复中断的业务。在 15:01 时修改了 C 站点的时隙交叉配置,创建交叉 4 条,删除交叉 8 条,操作结果是成功的。但是由于 ANCP 上的交叉配置数据与交叉板上的交叉配置数据存在不同,所以导致业务中断。

案例 10　中兴 ZXMP S385 光路误码导致复用段没有倒换

一、问题描述

某网络 A、B、C、D 按顺序组成的一个 2.5G 复用段保护环(A 是接入网元),如图 4-21 所示。发现 A 站点到 C、D 站点的部分业务出现中断,查询相应支路板的业务没有 TU-AIS 告警,查询支路板性能有误码,查询 D 网元支路板有 B2SD 告警 。

二、问题分析

复用段倒换的条件是信号失效 SF,如 LoS、LoF、MSAIS、B2-OVER 以及 B2-SD,其中前

图 4-21　ZXMP S385 组成环网示意图

四项作为固定条件，当有任何一个发生时，即进行复用段倒换。B2-SD 倒换的门限和是否允许倒换是可以设置的，默认为 1×10^{-3}，线路上出现故障时，线路板检测到 SD 或 SF 事件，然后上报到交叉板，交叉板根据 APS 协议产生 K 字节，并通过线路板发送出去，其他节点的线路板收到 K 字节后上报交叉板，由交叉板完成 APS 协议运行。交叉板根据协议确定各节点的倒换状态，然后下发命令进行业务的切换。ZXMP 产品的主控板仅仅负责复用段协议的配置。

三、处理过程

支路板出现误码导致业务异常，A 站点到 C、D 站点的业务都经过 D 站点，D 站点对 A 站点光板有 B2SD 告警。可以确定是该段光路误码导致业务异常，在光路异常的情况下复用段保护没有倒换，处理过程如下：

1. 线路出现大误码，导致对电路要求高的业务出现中断，线路出现大误码的原因是 D 站点收 A 站点尾纤被挤压导致收光光功率过低，经过查看是将误码倒换条件设置为 10^{-3} 过高导致复用段未倒换。

2. 通过网管将 A 站点对 D 站点光板的光口激光器关断，D 站点上报 R-LoS 告警，全环复用段保护倒换后，业务恢复正常。

3. 出现 B2SD 的原因是尾纤受到挤压，衰减增大，更换后解决。

四、总结建议

环路上出现大误码，SD(性能劣化)倒换设置过高是造成复用段未倒换的主要原因，如果设置为 10^{-5} 一般也可以满足倒换，这时候就要保证线路质量，使光功率在合适范围内，避免误码产生。

这个值是否修改取决于光路误码是否作为复用段倒换条件，可根据光路条件决定，要避免环上多处光路有误码，导致多处倒换引起业务中断。

第五章　网元通信类

案例 1　华为网络由于 DCN 路由器问题导致 OTN 网关网元脱管

一、问题描述

某局点 A、B、C 站点 3 个网元脱管，如图 5-1 所示，A 站点为网关网元，A 站点上报网关网元通信故障后，B、C 站点切换至备用网关 E 站点。

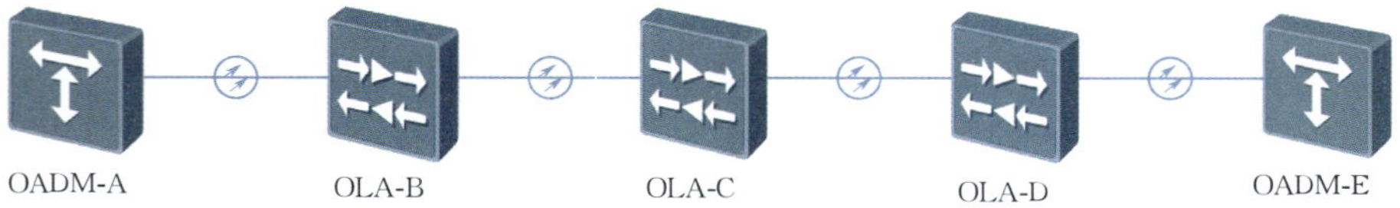

图 5-1　OTN 设备 OMS 段组网示意图

二、问题分析

1. DCN 网所用 2M 通道不通。
2. 设备至 DCN 网路由器间网线故障。
3. 设备主控板故障。
4. DCN 网路由器硬件故障。

三、处理过程

1. 网管检查未发现 DCN 网所用 2M 通道的告警，业务端口均正常，排除 DCN 网所用 2M 的问题。

2. 现场工程师检查该网关网元设备至 DCN 网路由器（包括室内网管交换机）间网线连接情况，确认网线是否松动，对网线进行测试或更换新网线。

3. 现场工程师检查网关网元设备主控板运行灯是否正常。

4. 现场工程师检查 DCN 网所用路由器和交换机运行状态，发现路由器只有电源灯亮，其他灯均不亮，重启多次后故障依旧，定位为路由器故障。

5. 更换路由器并做相应配置后，网关网元恢复监控。

6. 将 B、C 站点恢复至主用网关网元。

四、总结建议

1. 当网关网元发生通信故障时，一般会造成跟随网关网元的若干站点脱管，可设置备用网关，手动或自动切换至备用网关，尽可能地减少故障影响范围和时间。

2. 先确保 2M 通道正常的情况下，对设备、单板、网线逐一排查，直至定位故障点。

案例 2 华为设备网元频繁脱管

一、问题描述

某局点网管上网元频繁脱管，如图 5-2 所示，频繁上报 NE _ COMMU _ BREAK、NE _ NOT _ LOGIN、GNE _ CONNECT _ FAIL 告警。

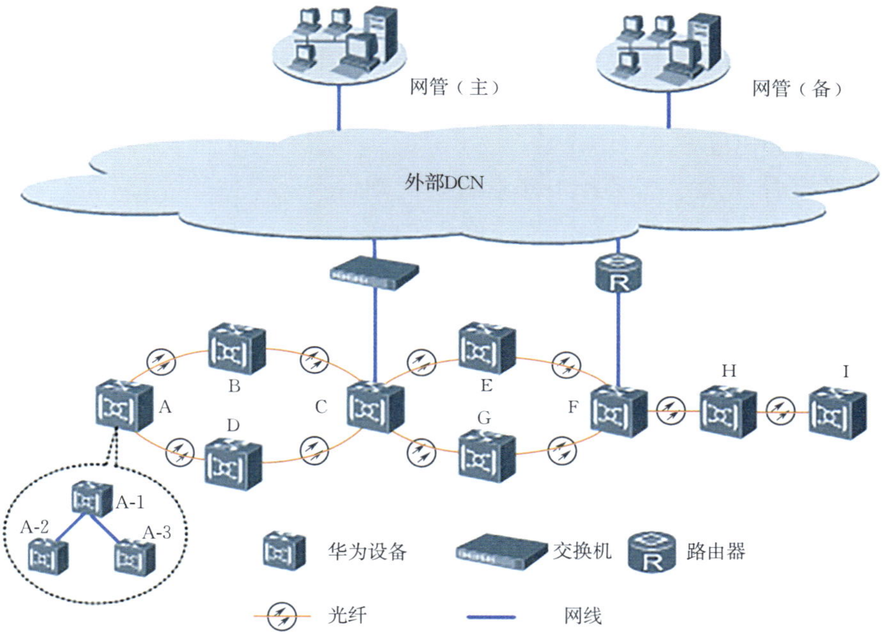

图 5-2 设备组网示意图

二、问题分析

1. 网元 IP 冲突。
2. ECC 通信时断时通。
3. ECC 通信负荷过重。
4. 网络上有相同的网元用户登录该网元。
5. ESC 和 OSC 并存场景下，ESC 和 OSC 频繁倒换，使网元频繁脱管。

三、处理过程

1. 网元 IP 冲突

检查其他新增网络设备的 IP 地址设置（如路由器、服务器），勿与网元 IP 地址重复，确保网元 IP 地址唯一。

2. ECC 通信时断时通

（1）检查网元时钟跟踪状态是否正常。

（2）检查 ECC 跟踪链路是否存在误码。

3. ECC 通信负荷过重

检查网关网元所带的非网关网元数量是否过多，建议不超过 50 个。

4. 网络上有相同的网元用户登录该网元，也会导致该网元脱管，在网管上频繁上报 NE _ NOT _ LOGIN 告警。

(1)做好网元登录用户规划和管理。

(2)确认近期有无新增网管服务器，并使用相同用户名登录相同网元。

5. A 站与 B 站之间 ESC 和 OSC 并存时，系统会优先选择 ESC 通信。

误码导致 A 与 B 业务链路不稳定，使 ESC 通信不稳定，会引起 ESC 和 OSC 频繁倒换，使远端站点(B 站)网元频繁脱管。

(1)网管上禁止 A 站点与 B 站点之间的 ESC 通信，使用 OSC 通信。

(2)处理链路误码故障。

(3)链路稳定后，恢复 A 站点与 B 站点的 ESC 通信。

四、总结建议

网元频繁脱管，先分析脱管范围，如果同一网关网元下的网元频繁脱管，大概率由于此网关网元与网管服务器之间连接链路有关；如果全网范围的网元频繁脱管，大概率是由于网管服务器或相同网元用户抢占导致。

案例 3　中兴 OTN 网元地址规划不合理导致网络监控异常

一、问题描述

某中兴 OTN 网络如图 5-3 所示，监控一直不正常，总有网元短时间脱管，脱管网元固定，脱管时间、脱管时长都无规律。

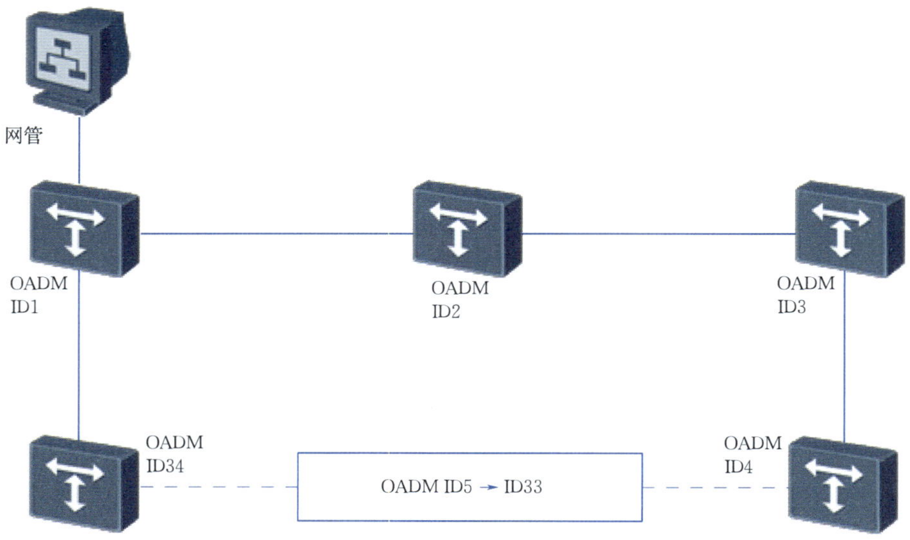

图 5-3　OTN 设备组网示意图

二、问题分析

网络上如果所有网元都可上线，说明每个网元路由都可达，有无规律的闪脱现象，大多数情况与网元 IP 规划有关系。

三、处理过程

从网管导出网元信息表，发现网元 IP 地址规划问题。

由于该网络为代理商自行交付，无中兴技术人员为其规划网络，代理商采用模仿中兴 MSTP 设备 IP 地址规划的方式规划这个 OTN 网络。该网的地址是这样规划的：192.1.1.1/24，192.1.2.1/24，192.1.3.1/24，…，192.1.34.1/24，在地址的第三段连续变化，从 1 到 34。

技术人员解释，这样规划是不行的，因为 8700 设备内部地址中，电口 2 地址是在网元地址基础上最后一段＋2，监控电口 1 的地址是在电口 2 地址基础上第三段＋10。

例如：192.1.1.1/24 网元，监控电口 1 的地址是 192.1.11.3/24；192.1.11.1/24 网元，电口 2 地址是 192.1.11.3/24；地址出现重复。网上还有很多，所有存在地址重复的网元监控就不稳。

技术人员建议：如果一定要这样规划，就是变化第三段地址，只能用这些数字：1～10，21～30，41～50，61～64。这样可以规避 IP 地址在第三段加 10 重复的问题。

按此调整后，监控稳定。

四、总结建议

1. 中兴 OTN 8700 设备，在网元设置 IP 地址后，会自动生成一些设备内部地址，包括：

网元的电口 2 地址，在网元地址基础上最后一位＋2，掩码与网元地址一致；

网元的监控电口 1 地址，在电口 2 地址基础上第三段地址＋10，掩码 32 位；

网元的监控电口 2 地址，在监控电口 1 地址基础上第二段＋1，掩码 32 位；

SOSCB 单板的四个监控光口地址，分别在监控电口 1 地址基础上第二段＋2，＋3，＋4，＋5，掩码 32 位。

例如，一个网元的 IP 地址是 192.1.1.1/24，电口 2、监控电口 1、监控电口 2 和四个监控光口地址分别是：192.1.1.3/24、192.1.11.3/32、192.2.11.3/32、192.3.11.3/32、192.4.11.3/32、192.5.11.3/32、192.6.11.3/32。

2. 由于有以上内部地址生成规则，地址规划一般不建议在 IP 地址中变化第二、第三段数字，因为设备内部地址在网元地址基础上变化第二、第三段，容易出现重复。建议变化最后一段，掩码为 255.255.255.248 或 255.255.255.240，在最后一段连续加 8 或连续加 16。这样一定不会出现重复地址，如果超出 255，可以变化地址第三段，但只能使用 1～10、21～30、41～50…，避免在第三段加 10 重复。

案例 4　中兴 OTN SOSCB 单板 FE 端口连接外部时钟设备导致时间跟踪错误

一、问题描述

某日，网管维护人员反馈网络上某站点时间节点运行信息不对，没有跟踪时间源，导致后续多个网元时间跟踪错误。如图 5-4、图 5-5 所示，C 站点时间节点信息的跳数应该是 B 站点加一，但数字错误，且其显示的父时钟 ID 和祖父时钟 ID 也都错误，说明其跟踪上不明时钟，导致后续全部跟踪错误。

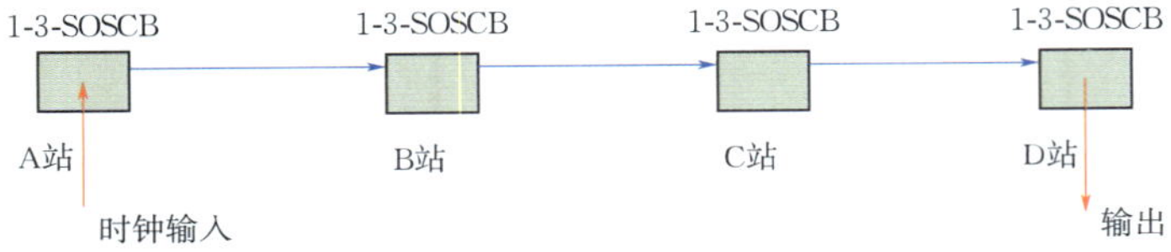

图 5-4　时钟连接示意图

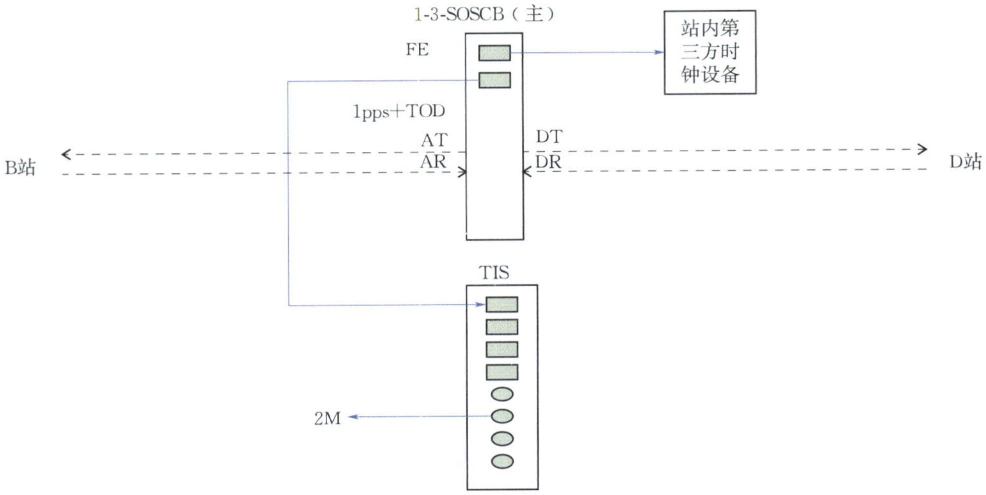

图 5-5　C 站站内时钟连接

二、问题分析

由于网络开通 1588V2 时钟后，一直未使用时间源业务，网络上有部分网元跟踪正常。类似问题的入手办法就是逐项对比第一个跟踪不上的网元配置与正常跟踪网元配置。

三、处理过程

1. 与其他正常跟踪的网元对比配置，发现该网元的 SOSCB 单板的时间端口配置，除了勾选正常的两个监控光口外，还勾选面板 FE 电口，其他网元没有勾选 FE 口。

2. 在时间端口运行状态中，FE 口状态是 SLAVE，两个光口状态是 MASTER，说明 C 站点从 FE 口跟踪上时间信息。

3. 将 FE 勾选取消，C 站点正常跟踪上 B 站点方向光口时间，确认问题在这里。但此站 FE 口确实需要使用，再勾选上，又跟踪上 FE 口。需要找到此站不跟踪光口而跟踪 FE 口的原因。

4. 该单板的面板 FE 电口配置的是输出状态，用途是给本站内第三方时钟设备提供时钟时间信号的，按道理勾选这个端口应该也不会影响时间跟踪，因为它配置为发送，应该不会输入时钟信号。但从现象看，由于 FE 口是双向全双工的，即使它配置的是输出，连接的时钟设备向它发送时间信息，SOSCB 单板也能检测到，并跟踪。

5. 在外接时间配置中发现，这个 FE 口的时钟信号自带时钟等级比 A 站输入的时钟信号自带等级高，这是 C 站点跟踪它的原因。将 A 站点输入时钟信号端口的时钟等级改为强制，设置时钟等级比 C 站点 FE 口的时钟信号自带时钟等级高，C 站点 SOSCB 单板正常跟踪 B 站点方向光口时间信息。

四、总结建议

有些机制比较复杂，如此例中的 1588V2 时钟跟踪问题，此类问题的故障处理中有一个非常重要的方法：对比法，逐项与正常的网元对比配置，只要不是硬件单体故障，一定能对比出不同的地方，尝试按正常网元的设置进行更改。

案例 5　中兴 OTN 系统网关网元的网关功能失效导致非网关网元脱管

一、问题描述

某日，某铁路干线中兴 OTN 系统，某个非网关网元脱管，但它配置的网关网元监控正常，网管维护人员以此判断网关网元正常，怀疑该脱管的非网关网元 SNP 单板故障，指挥现场更换备件，但更换后无效，还是脱管。

二、组网介绍

ZXONE 8700 设备，监控方式为网关网元方式，如图 5-6 所示，网上有多个网关网元，网管服务器与网关网元间通过专用网管 DCN 网通信。

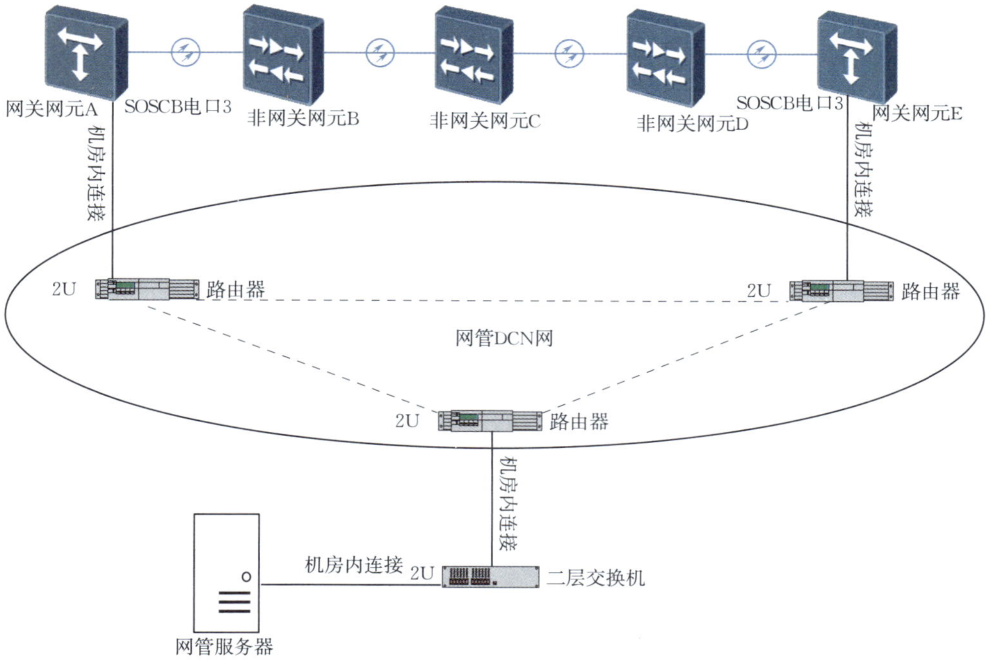

图 5-6　组网及网管监控示意图

三、问题分析

非网关网元脱管有以下原因：

1. 脱管网元的 SOSCB 故障。

2. 脱管网元的 SNP 故障，且未倒换。

3. 脱管网元所跟踪的网关网元网关功能失效。网管维护人员第一个排除这个原因，依据是网关网元没有脱管。

四、处理过程

1. 从脱管网元的相邻网元通过 DCN 邻居功能可以看到脱管网元的 SOSCB 光口地址，说明 SOSCB 正常。

2. 从脱管网元的相邻网元通过 DCN 邻居功能可以看到脱管网元的 SNP 地址、地址对，基本说明 SNP 正常。

3. 把这个网关网元配置的网关全部清除，看这个网关网元能否通过自己的网关功能上线，如不能上线说明这个网关网元的网关功能失效，它之前上线是通过别的网关上线。

4. 脱管的非网关网元只配置一个网关，就是网关功能失效的网关网元，随意增加一个其他网关，该脱管的非网关网元监控正常。

5. 排查网关功能失效的网关网元，查出原因是网关网元电口 3 与 DCN 网路由器连接的网线中断。

五、总结建议

1. 网元脱管，问题未必就在脱管的网元上，维护使用的办法在它临近的监控正常的网元上，使用 DCN 邻居功能查看它的 SOSCB 光口地址和 SNP 地址，如果都正常，基本可判断其无单板故障。

2. 网关网元没有脱管，不能证明网关功能正常，可能是通过别的网关网元上线的。验证网关功能是否正常的方法，把配置的网关全部清除，看这个网关网元能否通过自己的网关功能上线，如果不能正常监控，说明其网关功能失效。

3. 正常情况下，如果网络上有多个网关网元，网络上所有网元至少要配置两个以上网关，以实现监控保护，如果网络规模不大，可把网上的所有网关都配置上。这样，只要有一个网关网元没有失效，全网监控就不会中断。

案例 6　中兴 EGNE 网元命令行判断

一、问题描述

现场给后方反馈当前网元脱管无法监控，服务器直连状态，可以 ping 通电口 3，但是 ping 不通网元 IP，网元脱管。网元监控示例如图 5-7 所示。

图 5-7　网元监控示意图

二、问题分析

根据现场反馈的故障现象，分析可能原因如下：网管上静态路由配置错误；接入网元SOSCB单板与网元IP之间通信异常。

根据以上思路进行排查，过程如下：

1. 远程接入首先在网管服务器ping一下现场提供的电口3地址可以通，但是ping网元IP地址不通，如图5-8所示。

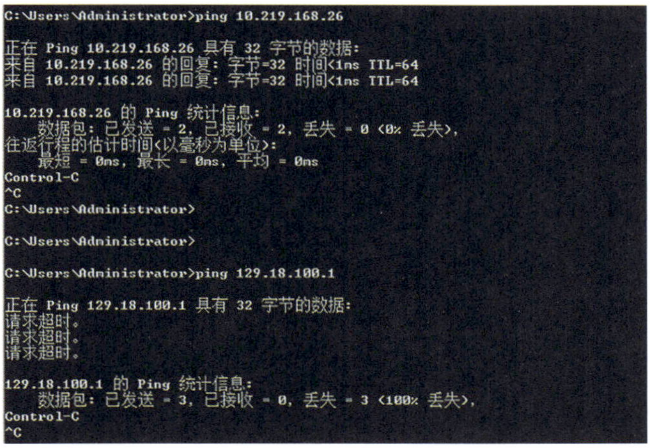

图5-8　地址ping示意图

2. 分别tracert电口3地址以及网元IP，如图5-9所示。

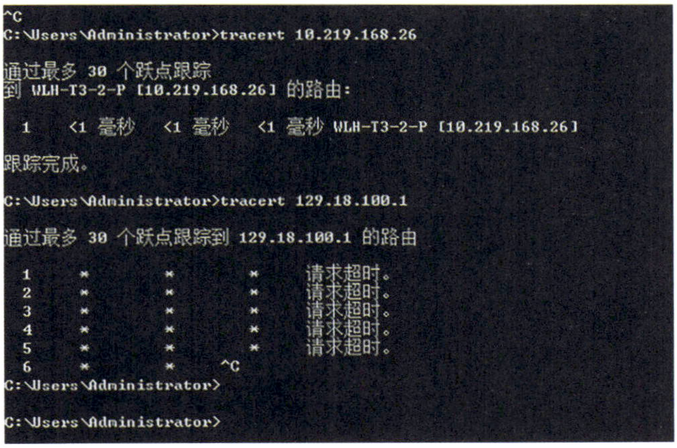

图5-9　地址tracert示意图

3. telnet到现场提供的电口3地址上，使用ifconfig命令查看一下单板状态，发现异常。当前telnet的单板是1槽位的主用主控，但是电口3地址是在SOSCB单板上的，如果能通过某个公网地址直接telnet到主控，那么这个地址一定是EGNE网元的接入IP地址（接入IP在主控上），如图5-10所示。

4. 再确认网元的状态，telnet到EIC单板的9023端口，使用link查看确认当前EIC的1口上使能EGNE接入方式，如图5-11所示。

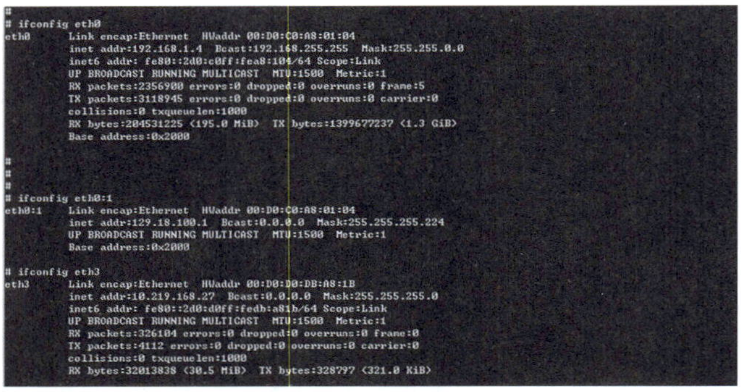

图 5-10　ifconfig 查询示意图

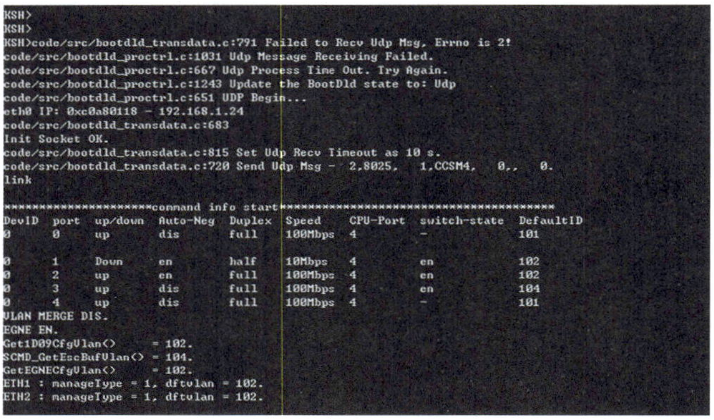

图 5-11　EGNE 使能确认示意图

5. 进一步确认主控上当前网元类型，确认使能 EGNE，如图 5-12 所示。

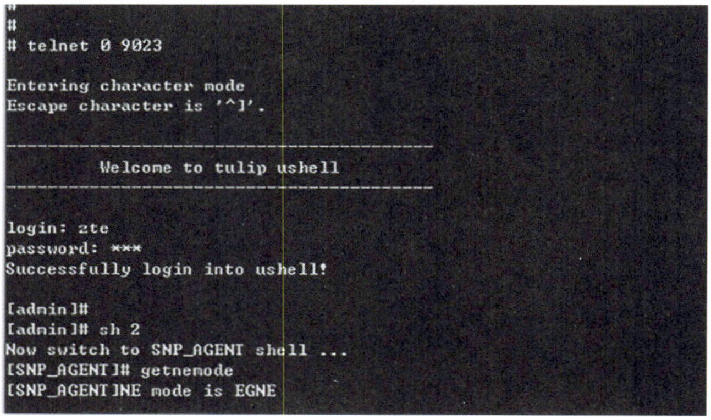

图 5-12　网元类型确认示意图

三、处理过程

使用命令行取消 EGNE 配置，如图 5-13 所示。

取消 EGNE 后，EIC 单板接口上的 EGNE 接入模式并不会取消，这个时候现场需要把网线插在 EIC 单板另一个接口上，网元即可通过电口 3 访问上线。

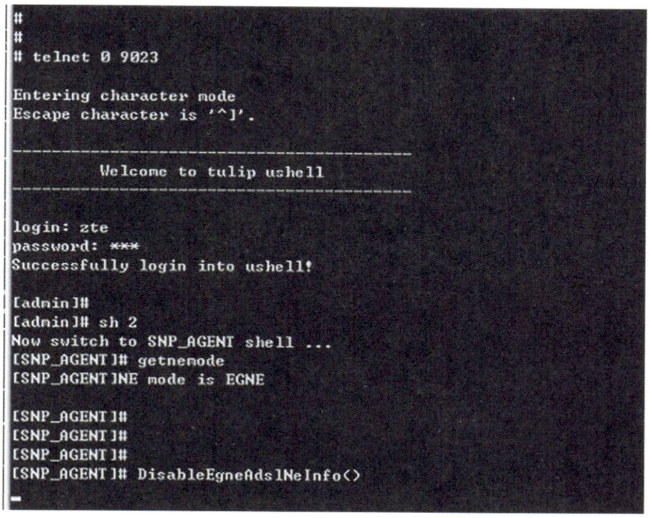

图 5-13　命令行取消 EGNE 示意图

四、总结建议

1. 普通接入网元场景，网管服务器/DCN 访问设备的网关是电口 3 IP 地址，电口 3 IP 地址保存在 SOSCB 单板上。

2. EGNE 网关网元场景，网管服务器/DCN 访问设备的网关是接入 IP 地址，接入 IP 地址保存在主用主控单板上。

案例 7　华为 MSTP 网关网元以及网关网元下挂的网元频繁闪断，无法正常监控

一、问题描述

某局 OSN7500 设备组网如图 5-14 所示，网关网元的 A 设备以及以 A 设备为网关的 7 台其他设备频繁脱管，脱管后自动恢复，隔几分钟继续脱管。除了网管脱管现象，没有业务中断情况。

二、问题分析

网管脱管可以单纯地判断带外 DCN 故障或者设备本身监控模块故障。

三、处理过程

1. 检查频繁脱管的网元 DCN 配置管理，发现这些网元均配置备用网关网元 B，并且恢复方式为自动恢复，把这 7 个网元的网关网元倒换至备用网关，并且修改恢复方式为非恢复，过几分钟后，网元不再频繁闪断，而是稳定在备用网关。

2. 检查主用网关网元 A 的带外 DCN 路由器交换机，经过排查正常。

3. A 网元不用备用网关监控，用自己作网关网元时脱管，判断为 A 网元监控模块故障，倒

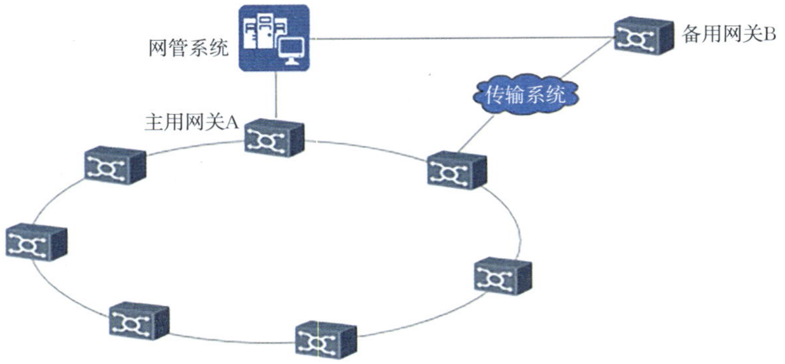

图 5-14　设备组网及监控示意图

换 A 网元主控板后，不再脱管，其他网元恢复 A 网关为主用网关网元后，也不会频繁闪报脱管，后期更换 A 网元故障主控板后，问题不再出现。

四、总结建议

网元脱管的问题一般都是由光缆故障造成的，但是网元监控通道为 DCN 通道，DCN 通道问题一般考虑外部因素，也有如本次情况为内部监控模块故障导致，区分是否为光缆故障导致监控问题的判断方式就是判断除了脱管告警、未登录告警之外是否还有断纤告警、倒换告警、业务类别告警。

案例 8　华为 MSTP ECC 网络网元个数过多，路由改变后全网 ECC 风暴

一、问题描述

某局点在对 OSN3500 进行主控板拔板测试时，该网元脱管。全网 ECC 震荡，大量网元频繁脱管。

二、问题分析

ECC 网络共有 285 个网元，超出建议范围（100 个），当 ECC 路由变化时，极易出现 ECC 风暴。HWECC 协议 Distance 默认为 64。当网络规模较大且有路由变化时，循环的无效数据信息需要 64 跳才能够被丢弃，加重了网络的带宽负担，导致正常的路由数据无法传递。其他网元要重新建立 MAC 连接和重路由，又需要占用带宽资源，存在恶性循环。

三、处理过程

1. 选择“网元管理器”→“功能树”→“通信”→“DCC 管理”，在“DCC 速率配置”中记录网关网元光口 DCC 开启情况，将所有 DCC 使能状态设置为“禁止”。
2. 设置从网关网元到网络最末端网元最大链路长度为 5。
3. 按照步骤 1 中记录，打开一个光口 DCC。
4. 网络稳定后，再开启另一个光口 DCC。

5. 重复步骤 4,将 ECC 最大距离逐步放大,务必保证每次设置的 ECC 稳定后再进行下一步设置,直至所有网元恢复正常通信。

四、总结建议

对于配置主备主控板的网元设备,管理信息只能在主用主控板上传送,备用主控的光口和网口发送和接收功能都是关闭的;一旦发生主备倒换,原主用主控板会将光口关闭,其路由表和 MAC 连接表会被删除;原备用主控板会打开光口,其 MAC 连接和路由则需要 HWECC 协议重新建立。类似于一个网元下线再上线的过程,也就是会进行 ECC 洪泛再收敛。网管已经对全网 ECC 管理域做了划分隔离,避免出现 ECC 风暴。

案例 9　中兴 ZXMP S385 使用扩展 DCC 监控方式在复用段倒换测试中可能会造成网元监控异常

一、问题描述

A、B、C 三个网元组成三点复用段保护环,如图 5-15 所示,例行复用段倒换测试过程中,网管在 B 站点发 C 站点的光口下插 MS-AIS,A 站点和 B 站点同时脱管。

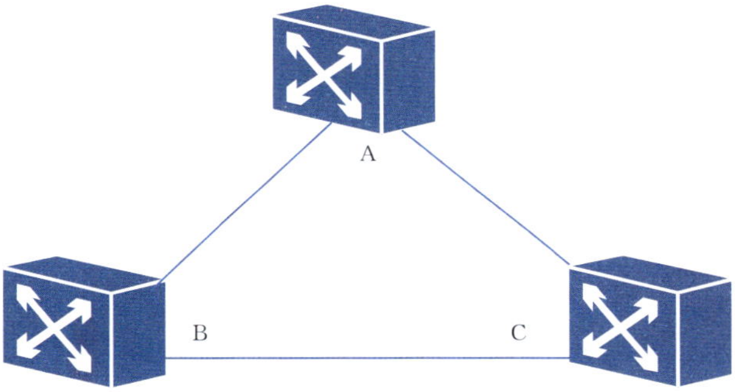

图 5-15　中兴 S385 设备三点成环示意图

二、问题分析

S385 设备出现监控问题脱管情况,可以从 NCP 和光板入手排查,本次故障中 A、B、C 三站点正常监控,插入 MS-AIS 后脱管,可以排除 NCP 单板故障。

查看配置,光板的监控方式为使用扩展 DCC 监控,扩展 DCC 需要使用复用段和再生段字节,复用段中断后,监控也同时中断。

三、处理过程

1. B 站点往 C 站点下插告警,A、B 脱管,说明 A 站点、C 站点之间的监控在操作前已经中断。查看正常监控的 C 站点两边光板,没有 DCC 屏蔽。

2. 在 C 站点上 if-a 查看两边光口上的 IP 地址,只有本站点环回地址。

3. 复位 C 站点往 A 站点的光板,想解决 A、C 站点之间的监控问题,复位后,监控未恢复,应该是 A 站点互联 C 站点的光板有问题。

4. 现场使用便携机网管监控 B 站点，将下发的 MS-AIS 取消，A、B 站点监控恢复。

四、总结建议

1. SDH 设备组网过程中建议使用默认的 DCC 字节进行网元间通信。
2. 设备下插告警前，应提前知悉网络监控方式。

第二篇　工程施工篇

第六章　工程配置类

案例1　华为 OTN OSN8800 设备由于 SNCP 级联保护组配置错误导致业务中断

一、问题描述

某局点使用 OSN8800 设备组网，如图 6-1 所示，其中一条 10G 速率业务配置 SNCP 级联保护，线路断纤触发 SNCP 保护倒换后，业务仍然中断，保护未起作用。

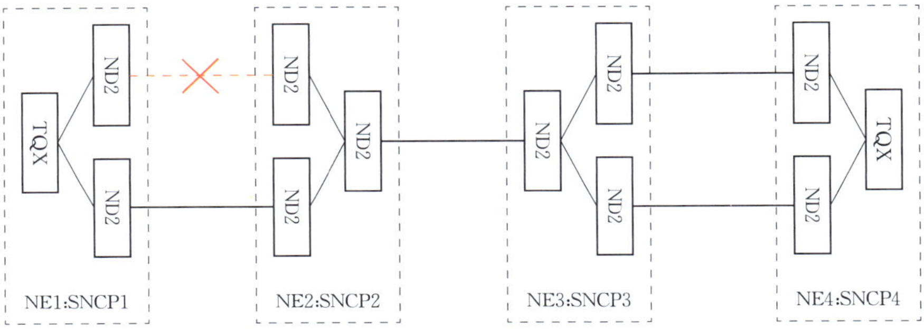

图 6-1　OTN 设备 SNCP 级联保护组网

二、问题分析

此业务经过的网元如上图，中间 SNCP2 与 SNCP3 之间是一条无保护链路，两端分别是 SNCP 保护组。断纤点不是 NE2 和 NE3 之间，此间链路并未设保护组。SNCP1、SNCP3 为西向 SNCP 保护组；SNCP2、SNCP4 为东向 SNCP 保护组。

故障现象为业务中断，但波分网管无任何异常告警，可能原因为：尾纤错连或客户侧发送故障。

三、处理过程

1. 检查两端支路单板的告警、性能，均正常。怀疑可能是尾纤错连，在 SNCP 倒换切到保护链路后问题出现，首先排除中间无保护链路的故障。

2. 在两端支路单板分别设置 PM 段 TTI 应发开销，结果发现 SNCP1 站点支路单板收对端 TTI 正常，而 SNCP4 站点支路单板对应端口没有收到对端 TTI 字节。说明是 SNCP4 站点收 SNCP1 站点方向单向故障，非双向故障。

3. 分别排查两端的 SNCP 保护链路，首先在 SNCP3 站点收西向线路板打开 PM 段非介入监视，检查 PM 段是否收到步骤 2 中 SNCP1 站点支路板设置的 TTI 字节，结果发现无法收到，说明是尾纤错连在 SNCP1～SNCP2 之间，而不是 SNCP3～SNCP4 之间。

4. 由于断纤前 SNCP 保护工作在主用通道，断纤后，SNCP 保护工作在备用通道出现问题,可以确定尾纤错连出现在备用通道的那一对线路板。

5. 经过现场排查确认 SNCP1 与 SNCP2 对接的线路板尾纤错连,经调整后,业务恢复正常。

四、总结建议

针对此案例找到连错的单板后,如果发端单板与收端单板的波长不一致,可以确定是收端站点连错,直接在收端站点处理即可;如果发端单板与收端单板的波长一致,发端站点和收端站点都有可能存在问题,需要两个站点依次排查。

传统的 SNCP 保护,一般需主备各断一次纤,可验证保护配置正确性。如果是多级嵌套的 SNCP 保护,需要遍历测试每一级嵌套的工作和保护链路,保证端到端配置正确性。

案例 2　华为 OTN 系统运用 G. 652 光缆和 G. 655 光缆混合组网波道性能不一致

一、问题描述

如图 6-2 所示,某局点 A 站点收 B 站点方向,存在大量 OTU 单板的 FEC 纠错前误码率性能不一致情况,性能表现好的波道 FEC 纠前误码率为 0,性能表现差的波道 FEC 纠前误码率为 5。

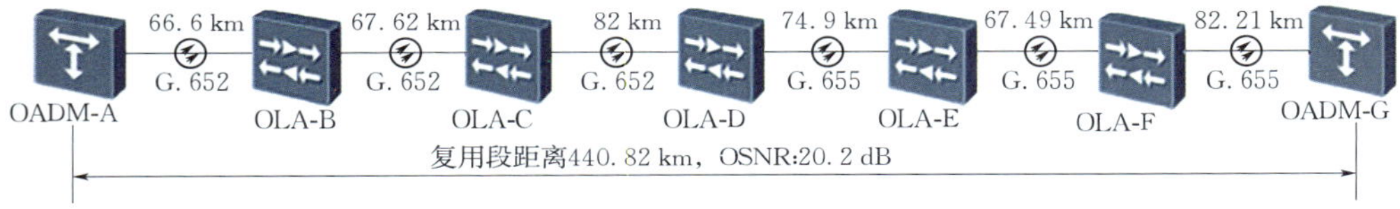

图 6-2　OTN 设备 OMS 段组网示意图

二、问题分析

在运用 G. 652 光缆和 G. 655 光缆混合组网的 OTN 传输网络中,需按照波道进行残余色散计算。在 10G 速率以上网络的工程设计中,应避免用 G. 652 色散模块补偿 G. 655 光缆。同时,确保短波长和长波长的波道性能均满足要求。

该问题的可能原因是混合色散补偿无法满足全部波道达到最佳色散补偿点。

三、处理过程

1. 分析现网数据,发现纠错前误码率与波长强相关。波长与误码率关系如图 6-3 所示。

2. 按波道进行色散计算,色散补偿在短波长存在较大的过补,残余色散如图 6-4 所示。

优化色散补偿方案,确保在短波长的过补情况得到改善,但是由于长波长不能欠补过多,因此采用折中的方案,残余色散如图 6-5 所示。

四、总结建议

1. 色散补偿需要按照整个复用段进行统筹计算,最后以波道性能参数为参考。

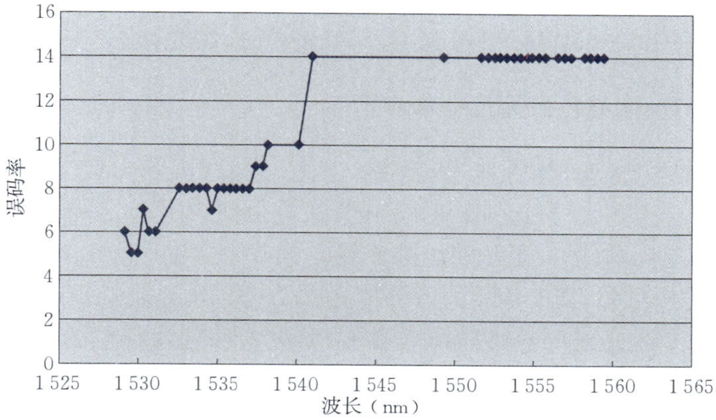

图 6-3　波长与误码率关系

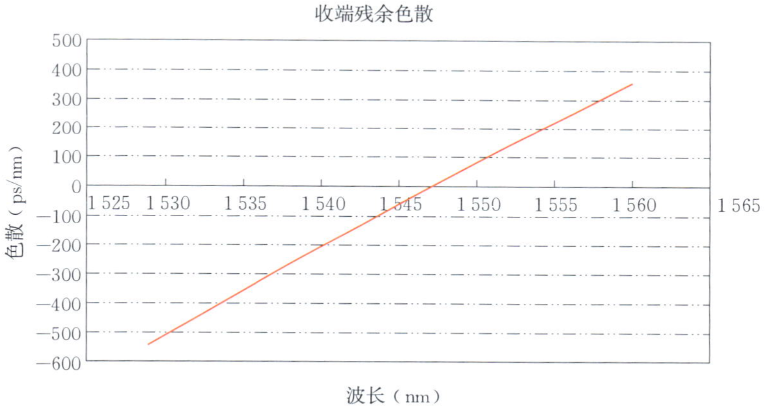

图 6-4　波长色散关系(1)

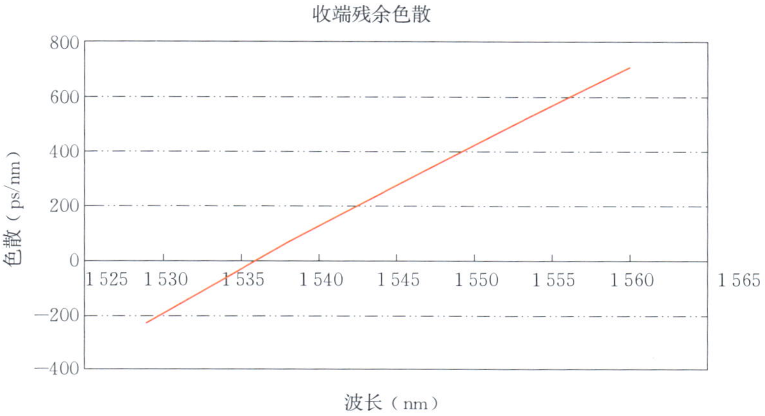

图 6-5　波长色散关系(2)

2. 不宜采用 G. 652 DCM 补偿 G. 655 光缆。

3. 特殊情况下采用 G. 652 DCM 补偿 G. 555 光缆时，需要遵循“特殊应用”补偿原则。

五、知识扩展：OTN 网络色散补偿特殊应用

使用 G. 652 DCM(色散补偿模块)来补偿 G. 655 光纤，按照 1∶4 的比例进行替代计算，由于 G. 652 光纤和 G. 655 光纤的色散斜率不同，实际上使用 G. 652 DCM 对 G. 655 光纤进行补偿时，并不能完全符合 G. 655 光纤的色散曲线。

使用 G. 652 DCM 对 G. 655 光纤进行补偿，当 G. 655 光纤非常长时，使用 G. 652 光纤的 DCM 模块来补偿 G. 655 光纤的色散匹配非常差，所以这种替代补偿的方式受到距离限制，具体限制要求如下：

1. 400 km 以内，可以完全使用 G. 652 DCM 来补偿 G. 655 光纤，但是一定要注意色散补偿的均匀，按照 1∶4 的比例替代补偿，尽量使用 G. 652 类型小规格的色散补偿模块，收端色散补偿尽量处于欠补 G. 655 光纤 10～60 km。

2. 400～550 km，在 400 km 以内完全按照上一原则进行补偿，对超过 400 km 的部分，使用 G. 655 DCM 进行补偿，但是满足在上面表格的要求外还需要额外考虑 1 dB 的 OSNR 代价，考虑色散不匹配的影响，收端色散补偿尽量处于欠补 G. 655 光纤 10～60 km。

例如，复用段长度 530 km，在使用 G. 652 DCM 补偿 400 km 后，后面 100 km 需要配置 G655 色散补偿模块来进行补偿，最终欠补 30 km(G. 655)。

3. 超过 550 km，必须全部使用 G. 655 DCM，同时保持系统处于欠补状态，使用 G. 655 的色散补偿模块进行完全补偿(100%色散完全补偿的形式)，不能再使用 G. 652 的 DCM 模块来补偿 G. 655 光纤。收端残余色散尽量处于欠补 G. 655 光纤 10～60 km。

案例 3　中兴 OTN 光缆线路 PMD(偏振模色散)的变化引起 LS4 单板纠错后误码导致业务中断

一、问题描述

某网络 OTN8700 设备采用 100G 速率的 LS4 单板。在系统运行两个月后，在同一个站点出现 3 块 LS4 单板进行 TDC(色散补偿)调整，纠错前误码率上升，导致业务出现误码或者中断。

1. 在某站点发现一块 LS4 单板进行 TDC 调整，出现纠错前误码率上升，产生纠错后误码，后又自动恢复。当时认为是单板故障，对该单板进行更换。

2. 某日在同一站点的同一方向又发现一块 LS4 单板，进行 TDC 调整，一直进行着 TDC 调整。纠错前的误码率劣化到 10^{-4}，并出现纠错后误码。

3. 查询同一方向的另一个波道，也在进行 TDC 调整，纠错前误码率劣化，但是没有出现纠错后误码。

二、问题分析

1. 查询网管分析：在主光上和单波通道上，未发现光功率等性能值有明显变化。

2. LS4 单板色散补偿设置为一次,设置是没有问题的。LS4 单板会根据纠错前的误码率来调整 TDC,使色度色散到达一个最优的值。

3. 信噪比:该地区波分系统距离近,信噪比不是问题。

4. 分析同一个站点同一个方向不同单板出现误码,并且是单向的,只有本站接收出现误码;对单板进行线路侧环回测试,单板没有问题。

5. 100G 系统除了受功率、信噪比、非线性、色度色散外,还受偏振模色散(PMD)影响,PMD 目前单板还不能进行补偿。

怀疑是光纤 PMD 不满足系统要求或因为冗余不足随环境变化而逐步导致信号劣化。查询历史相关信息获知:

发生的 2 波业务中断和 1 波性能严重劣化都是在同一个站点同一个方向。在一个月内连续发生两次,比较符合各波长的偏振态不一致,随外界条件改变而变化。

在同一方向出现问题的 3 块单板都是 DP(P-DPSK)单板,而另一块 DQ(RZ-DQPSK)单板纠错前误码率一直没有什么变化,在 10^{-10} 左右。

DQ 模块比 DP 模块的 PMD 容限要高出 3 倍左右,所以相对稳定。P-DPSK 和 RZ-DQPSK 码型对 PMD 的要求见表 6-1。

表 6-1 两种模块的性能

关键参数	P-DPSK	RZ-DQPSK
信号波特率(GHz)	100	20
PMD 容限(ps)	2~3	6~8

出现问题一段时间后,业务能够恢复,单板的 TDC 调整设置为自动一次,如果没有人工干预,是不会重新进行调整的,所以可以肯定是业务自动恢复的。这符合 PMD 参数劣化值具有随机性的特点。

三、处理过程

1. 在对端站点做以下确认试验:稍微改变光纤形态,先后绕直径 3~5 cm 之间的环,在不影响下游单板接收光功率的情况下,部分单板的纠错前误码确实发生了数量级的变化,说明现场光纤的形态改变,PMD 状态发生变化,从而明显地影响单板性能。可以确定,现场的主光环境 PMD 性能临界已经影响单板正常工作。

2. 现场更换接收端的线路光纤后,纠错前的误码率降到 10^{-7} 以下,业务恢复正常。

四、总结建议

系统是否 PMD 受限的判断方法如下:

1. 用色散分析仪进行测试。

2. 工程中简单的判断方法:

系统调试时,将 100G 单板输出口至 OMU 之间的光纤跳线绕几个直径大于 5 cm 的环,然后缓慢地晃动或摇摆光纤环,观察纠错前误码率是否有大的变化,上述操作中需要注意:

(1)绕的光纤环直径一定要稍大,否则会影响光功率,光功率变化应小于 1 dB。

(2)摆动光纤圆环动作要缓慢,以免出现突发误码。

判断:在扰动光纤过程中,纠错前误码率变化超过一个数量级的变化或者直接劣化到 $10^{-4}/10^{-3}$,就可以判断 PMD 临界受限。

五、知识扩展:偏振模色散(PMD)

1. 技术原理

在理想的圆对称纤芯的单模光纤中,两个正交偏振模 HE_x^{11} 和 HE_y^{11} 是完全简并的,两者的传播常数相等,故不存在偏振模色散,但在实际的光纤中,由于光纤制造工艺造成纤芯截面一定程度的椭圆度,或者是由于材料的热胀系数的不均匀性造成光纤截面上各向异性的应力而导致光纤折射率的各向异性,这两者均能造成两个偏振模传播常数的差异,从而产生群时延的不同,形成偏振模色散。

HE_x^{11} 和 HE_y^{11} 的两个正交偏振模的传播常数之差称为双折射。上述光纤结构本身存在的双折射称为本征双折射。此外,光纤在弯曲、扭绞、横向压力等机械外力的作用下也会产生附加双折射。当光纤截面的圆对称性受到破坏时,由双折射形成的两个不同传播常数的正交偏振模之间会产生相互耦合,由于两个偏振模的传播常数相差很小,因而模式耦合很强。光纤的本征双折射及其受到的外力在实际的光纤线路上都是随机的,因而偏振模之间的耦合也是随机的。从而产生的偏振模色散是一个随机量,它无法像色度色散那样容易补偿。

2. PMD 对系统的影响

虽然导致脉冲扩展的机理不同,但是 PMD 与色度色散对系统性能具有同样的影响。过高的色散导致数字系统的误码及误码率增加、模拟系统信号失真和信噪比降低。根据现有各种单模光纤的制作水平,ITU-T 规定单模光纤的平均偏振模色散系数 PMD≤0.5 $ps/\sqrt{km}$。

表 6-2 列出根据上述数据列出的数字系统最长计算距离的实例。

表 6-2　传输距离与 PMD 和数据速率

PMD($ps/\sqrt{km}$)	2.5 Gbit/s	10 Gbit/s	40 Gbit/s
3	180 km	11 km	<1 km
0	1 600 km	100 km	6 km
0.5	6 400 km	400 km	25 km
0.1	160 000 km	10 000 km	625 km

3. PMD 色散补偿

由于 PMD 的统计特性和不确定性,使得 PMD 的补偿难度非常大,目前只能依靠发送/接收激光器本身的 PMD 容限来克服。

当采用方法使光纤通信系统中的色度色散变得很小或趋于零时,光纤偏振模色散的影响就突出,成为限制高比特率信号(10 Gbit/s 以上)长距离传输的主要因素。

案例 4　华为网元时钟参数设置问题导致线路中断外部时钟源不可用

一、问题描述

某局点 NE A 站点的 EOW 单板外接两路时钟源,网络时钟跟踪正常,时钟跟踪如图 6-6

所示。当环网断纤后，外部时钟源不可用，NE D站点上报LTI告警并产生大量误码。

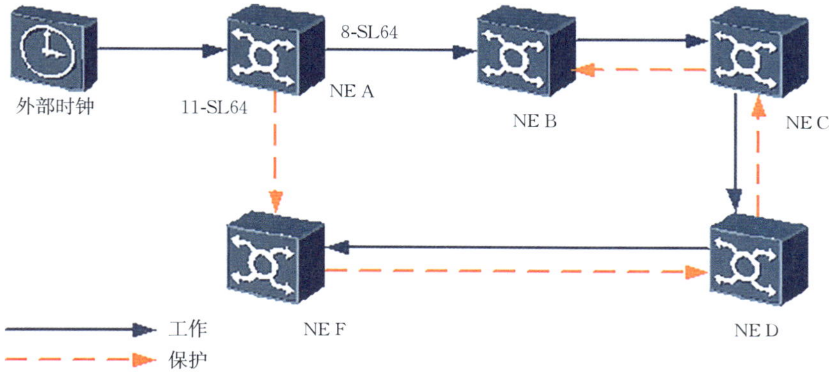

图 6-6　时钟跟踪示意图

二、问题分析

正常情况下，时钟跟踪工作路径为：外时钟源→NE A→NE B→NE C→NE D→NE F；保护路径为：外时钟源→NE A→NE F→NE D→NE C→NE B。当环网断纤后，NE D站点的时钟源丢失，检查网络的时钟配置后发现NE D站点没有配置"系统时钟源优先级表"。

三、处理过程

1. 在网管上查询时钟子网配置：

(1)在NE D站点的"网元管理器"中选择"配置"→"时钟"→"时钟源子网设置"。

(2)选择"时钟质量"选项卡，选择"时钟源质量"选项卡，单击"查询"。返回结果显示系统从11-SL64单板收到G. 811基准时钟。

(3)在"视图"→"时钟视图"中查看NE D站点的时钟跟踪关系。由于NE D站点的西向相邻时钟源NE C不可用，NE D应该跟踪它的东向时钟源。

2. 在NE D站点的"网元管理器"中选择"配置"→"时钟"→"时钟源优先级表"，单击"新建"，增加8-SL64为时钟源。

3. 在"时钟视图"中刷新时钟跟踪关系，告警消除。

四、总结建议

时钟源优先级表配置错误(只配置1路时钟源)会导致断纤后外部时钟源不可用，增加1路时钟源后，当其中1路光纤中断设备会从好的光纤提取时钟信号，消除故障。

案例5　华为OSN3500组网设备因SSM协议配置问题引起BUS _ ERR告警

一、问题描述

如图6-7所示，某局新建4台OSN3500网元上报BUS _ ERR告警，参数为0X07 0X02

0X04 0X02 0XFF，同时上报 LTI 及 HSC _ UNAVAIL 告警。

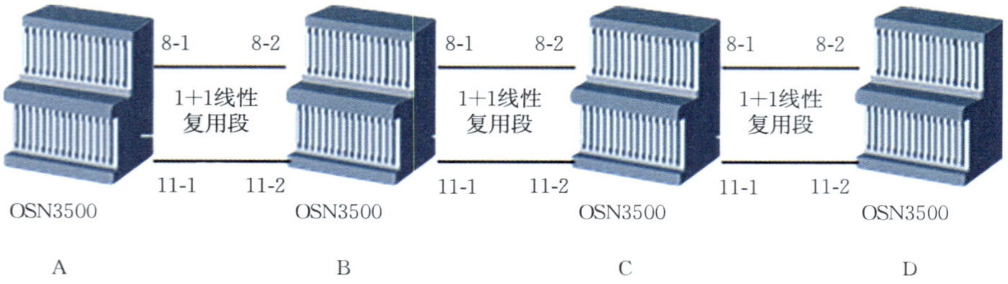

图 6-7　SDH 设备组网示意图

二、问题分析

上游站点没有开启 SSM 协议，S1 字节 b5～b8 默认为 0X0F，0X0F 代表同步质量不可用。下游站点开启 SSM 后，会检测 S1 字节的 b5～b8 字节，当检测到时钟质量不可用，不跟踪时钟质量不可用的时钟源，倒换到内部时钟源，上下游时钟不同步，导致线路存在 B1 误码，B1 误码触发交叉板上报 BUS _ ERR 告警。

将上报 BUS _ ERR 告警的网元 SSM 协议停止后，LTI 和 BUS _ ERR 告警消失。

三、处理过程

1. 由于是多台设备上报 BUS _ ERR 告警，可能是：业务板与交叉板软件版本不匹配，交叉板软件版本和逻辑版本不匹配。查看现网版本：V100R010C03SPC208，SSN1SXCSA：9.75，所有单板软件版本配套。排除了版本不配套的问题。

2. 先找其中一台设备，进行主备交叉板倒换，倒换后告警在备交叉单板上报，参数为 0X08 0X02 0X04 0X02 0XFF，LTI 和 HSC _ UNAVAIL 同时上报。再对另一台设备进行主备交叉板倒换，与上一台现象完全一样。两个站主备交叉同时故障可能性比较小，排除交叉板故障。

3. 分析 BUS _ ERR 告警参数，第三个参数为 0X04，表示存在 B1 误码导致交叉上报 BUS _ ERR 告警，同时交叉板上报 LTI 告警，初步判断为时钟问题导致 B1 误码，B1 误码引起 BUS _ ERR 告警。

（1）查询时钟跟踪当前时钟为内部时钟源，再查看时钟源优先级表，优先级表顺序跟踪 8-SL64 单板，11-SL64 单板，内部时钟源。

（2）查看上报告警网元时钟子网，上报 BUS _ ERR 告警网元都启用扩展 SSM 协议，启用后，会根据信号的 S1 字节的时钟质量进行倒换，由于多台网元出现这种情况，定位可能是上游某个站时钟质量劣化或单板故障，因此逐个网元向上游排查，发现与上报 BUS _ ERR 告警的直接光纤相连的上游网元没有启用 SSM 协议，再排查所有上报 BUS _ ERR 告警网元，上游站点都没有开启 SSM 协议，由此故障原因定位，新开站点开启 SSM 协议导致检测时钟质量不可用，因此倒换到内部时钟。

（3）将上报告警网元的 SSM 协议停止，时钟正常跟踪。同步告警，LTI 和 BUS _ ERR 告警消失。

四、总结建议

时钟组网配置的基本原则如下：

1. 非 SSM 倒换协议下，时钟网只能配置成单向且不能成环。
2. 标准 SSM 倒换协议下，时钟可以配置成双向，但一定不能配置成环。
3. 扩展 SSM 倒换协议下，时钟可以配置成双向，且可以成环，但不能成相交或相切环。
4. 对于扩展 SSM 倒换协议下需要单独配置时钟 ID，时钟 ID 分配的基本原则如下：

(1)有外接的 BITS 都分配时钟 ID。

(2)所有有外接 BITS 节点的内部时钟源都分配时钟 ID。

(3)所有由链或环网进入另一环网的节点内部时钟源都分配时钟 ID。

(4)所有由链或环网进入另一环网的节点时钟跟踪级别有环内线路时钟源时，此进环的线路时钟源应分配时钟 ID。

案例 6　华为 MSTP 传输设备与数据网对接，MTU 设置问题导致视频业务故障

一、问题描述

在对某局数据网网络 BGP 配置优化修改，删除下发缺省及改变下一跳配置后，客户反馈 KS、LJB、ZY 站信号视频和车务视频无法正常监控，其他业务正常。

二、组网介绍

如图 6-8 所示，××线基础网 SZ 区域有 SZ 和 NJ 两处汇聚节点，KS、SZ 为大站接入路由器，其中 KS-AR02 通过传输 GE 通道，上行至 SZ-DR02 汇聚路由器。SZ 区域路由器通过线路上 DY 站与 NJ 汇聚互联。线路站点路由器分别与 SZ-DR 与 NJ-DR 建立 BGP VPNV4 邻

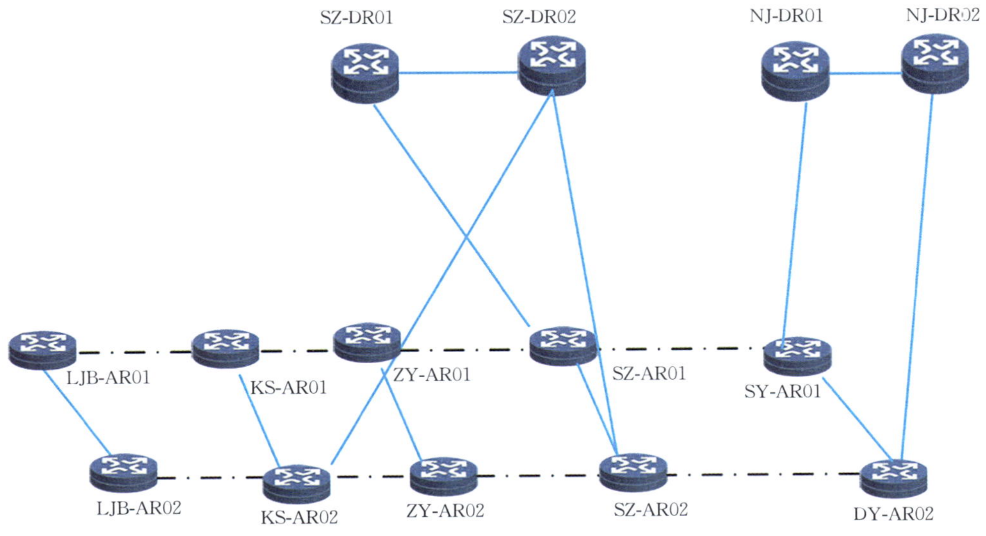

图 6-8　组网示意图

居，通过汇聚路由器来进行 BGP VPN 路由学习，指导流量转发。

三、问题分析

1. 网络存在问题，导致网络不通。
2. 视频摄像头或服务器问题。
3. 视频服务器参数设置问题。
4. 网络其他问题。

KS-AR02 与 SZ-DR02 间通道与基础网设备开通时投入使用，传输侧未进行过数据修改。在进行 BGP 配置优化调整前，业务正常，说明以前数据流量并未通过此通道。

由于前期数据网在进行汇聚路由器 BGP 配置时，使用下发缺省及改变下一跳操作，BGP VPN 路由在经过汇聚 DR 时，汇聚 DR 对原始路由信息进行参数修改，导致路由表不是原始参数，不能真实反映路由来源。

在进行 BGP 配置优化前，线路侧接入路由器通过 NJ-DR 下发路由信息进行流量转发。BGP 配置优化后，路由信息恢复正常，通过最优选择，流量切换至 KS-AR02 与 SZ-DR02 间互联通道。

华为 MSTP 传输设备 OSN7500 以太网接口默认 MTU 为 1 522，传输设备定义 MTU 为接口数据包最大帧长，而华为数据网设备为只计算 IP 包头(20)＋ICMP 包头(8)＋data＝1 500。由于数据网业务为 MPLS VPN 业务，所以传输设备 MTU 值设置要比数据网设备多两层 MPLS 标签(8)＋以太网目的 MAC(6)＋源 MAC(6)＋类型(2)＋CRC(4)＝26，即至少需要设置为 1 526。

四、处理过程

1. 检查相关路由器路由表正常，ping 测试视频业务地址正常。
2. 在视频网管服务器 ping 测试 3 个站点的编码器，ping 测试正常，网络通道正常。
3. 现场使用工程宝在编码器侧进行检查，各摄像头画面显示正常，排除摄像头故障。
4. 检查视频编码器及服务器相关设置，设置正常，排除服务器问题。
5. 检查路由路径，3 个故障点设备通过 KS-AR02-SZ-DR02 上行，尝试关闭 KS-AR02 与 SZ-DR02 互联，将流量切换至 SZ-AR02 设备，ping 测试正常，视频监控恢复正常。
6. 判断故障点为 KS-AR02 与 SZ-DR02 间通道问题，为进一步验证，恢复 KS-AR02 与 SZ-DR02 间互联端口，ping 测试大包不通，故障出现，判断故障为大包不通导致视频黑屏。
7. 检查 KS-AR02 与 SZ-DR02 间传输链路配置，发现在 SZ-DR02 互联传输 MSTP 设备侧，以太网接口 MTU 值为 1 522，修改为 1 530 后，测试 ping 大包正常，视频业务恢复正常。

五、总结建议

1. 在进行传输设备与数据网设备通过以太网对接时，要注意对接端口的参数设备，按照数据制作规范要求，对接口进行强制全双工及 MTU 修改设置。
2. 有很多业务系统使用的数据包都比较大，在处理网络 ping 测试正常而业务不通时，尝试进行 ping 大包测试，检查大包能否正常。
3. 数据网网络存在多条保护路径，建议定期对相关链路进行倒换测试，确保每条路径都能正常工作。

4. 对数据网 BGP 再进行邻居优化，使 BGP 邻居及路由来源更清晰明确，方便路由学习及故障定位。

案例 7　华为 MSTP 以太网客户侧端口工作模式问题导致上报 PORTMODE _ MISMATCH 告警

一、问题描述

某高铁线路，车站汇聚层使用华为 OSN3500 设备组网，且使用 EFS0A＋ETF8 单板承载部分以太网电路，业务类型如电力远动、动环监控等，如图 6-9 所示。

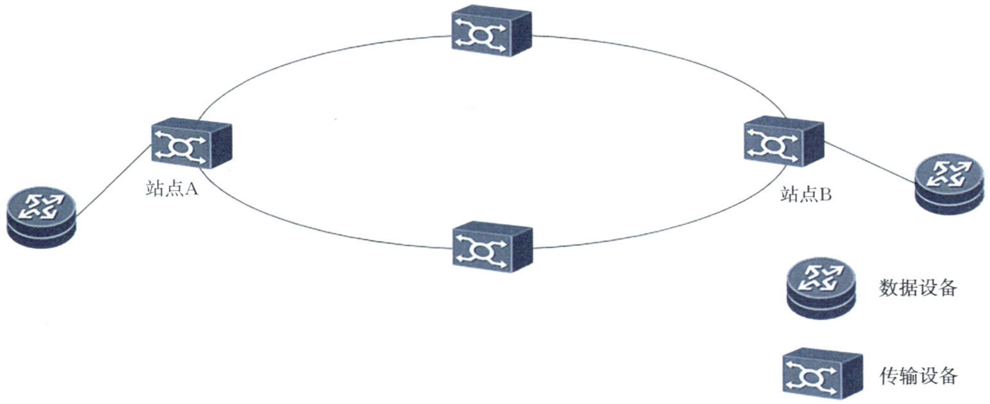

图 6-9　设备组网示意图

站点 A 至站点 B 开通一条专线业务，A 站点一个已开通在用的端口上报 PORTMODE _ MISMATCH 告警，经检查业务类型为动环监控。

二、问题分析

1. 根据告警名称 PORTMODE _ MISMATCH，查阅资料，PORTMODE _ MISMATCH 为远端 FE 端口工作模式不匹配告警。

2. 根据资料提示，结合参数 1 表示 MAC 端口号，检查对应远端（站点 B）FE 端口工作模式，发现传输端口工作正常，模式为自协商，当前协商状态为 100M 全双工。

3. 以太网接口板端口故障。

4. 对端以太网单板端口或者对接客户侧设备故障。

5. 本端以太网端口对接的客户侧设备问题。

6. 其他原因。

三、处理过程

1. 疑似对资料描述理解错误，再次检查本端 A 站点传输端口工作模式，工作模式为自协商，协商状态为 10M 半双工。

2. 修改 A 站点端口模式“自协商”为“10M 半双工”后，告警清除。

3. 检查另一个上报该告警的端口，工作模式为自协商，协商状态为 100M 半双工，同样修改为 100M 半双工后，告警清除。

四、总结建议

遇到本告警后，需检查上报告警的本端 FE 端口的工作模式以及协商的工作模式，需与本端对接的客户侧接口的工作模式一致。此处的远端不是站点 B 的传输端口，而是站点 A 对接的客户侧端口。

需要关注告警参数，以便更及时、准确地定位故障点，参数含义见表 6-3。

表 6-3　告警参数对照表

参数名称	参数含义
参数 1	表示 MAC 端口号
参数 2、参数 3	参数 2 表示高位，固定为 0X00，无意义。 参数 3 表示低位，固定为 0X01，无意义
参数 4、参数 5	表示端口当前工作模式。参数 4 表示高位，参数 5 表示低位： 0X01：10M 半双工。 0X02：10M 全双工。 0X03：100M 半双工。 0X04：100M 全双工。 0X05：1000M 半双工。 表示备板 FE 端口，固定为 0XFF

案例 8　中兴 ZXMP S385 设备新开 2.5G 线路因时隙配置级联 VC4-16C 模式业务无法开通

一、问题描述

如图 6-10 所示，A、B 两地 S385 设备新开 2.5G 线路，两端 OL16 接线后，无再生段、复用段告警，但配置一条以太网业务后，业务不通，OL16 单板对应做了时隙交叉的 AU4 上报 AU4-AIS 告警。

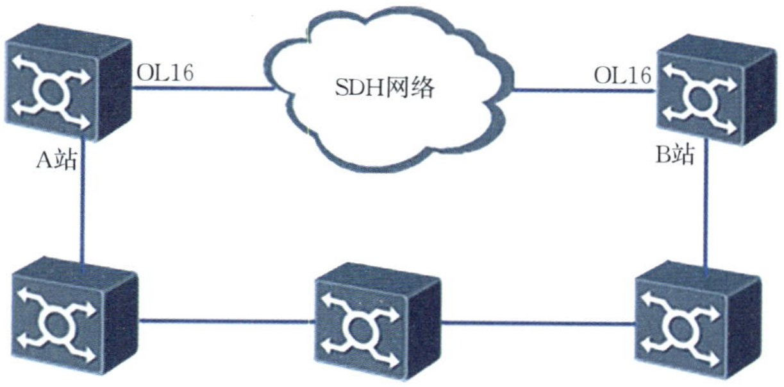

图 6-10　中兴 S385 设备组网示意图

二、问题分析

故障原因是此用户两地 S385 设备新开 2.5G 线路 OL16 单板之间不是通过光缆直接对接，而是经过网络配置的 2.5G 通道，在配置数据时错误地将该 2.5G 通道时隙配置成级联模式 VC4-16C，这样 2.5G 通道就无法拆分成多个 VC4 时隙使用。

三、处理过程

将级联模式 VC4-16C 修改为 16 个独立 VC4 后，业务正常开通。

四、总结建议

SDH 设备 622M、2.5G 通道在通过网络对接时，要注意配置的时隙类型，如果是级联的 VC4-4C/VC4-16C，需要修改为非级联独立的多个 VC4 时隙，才能和中兴产品对接。

第七章　网络优化类

案例 1　华为 OTN 网络增加中继站后性能改善但下游业务不通

一、问题描述

某局点由于 A 站点和 C 站点之间线路距离长，导致对接的 TN13LSX 单板纠错前误码率较高，增设 B 站点作为中继站点后（TN12ND2 中继板），波分单板性能变好，但下游设备反馈带宽变小，波分系统无任何异常告警和异常性能。

如图 7-1 所示，此链路由 A、B、C 3 个站点组成，A、C 站点之前对接 TN13LSX 单板，B 站点是新增的中继站点。

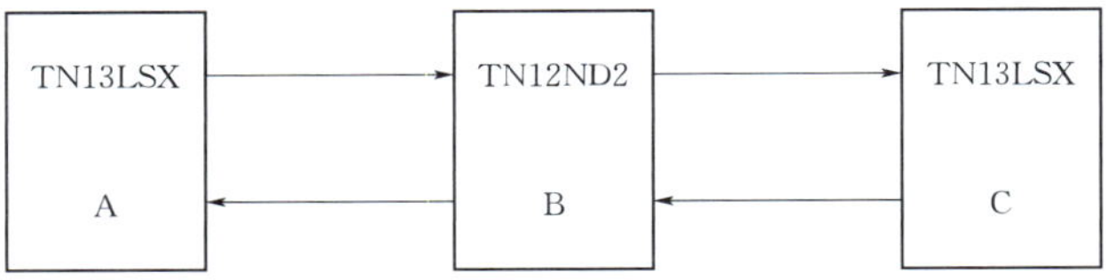

图 7-1　站间配置（1）

二、问题分析

下游设备带宽变小，可能原因：

1. 对接业务存在问题。
2. 告警屏蔽或者光口不使能，导致无异常告警和性能上报。
3. 增加中继站后光功率异常，中继站 FEC 模式或者速率设置错误。
4. 光缆或尾纤故障。

三、处理过程

1. 把 TN12ND2 换成两个 TN13LSX 单板客户侧级联，则对接设备业务正常，排除对接设备问题，如图 7-2 所示。

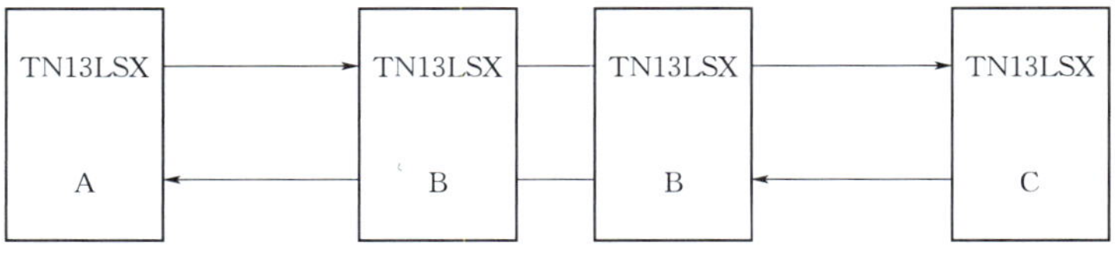

图 7-2　站间配置（2）

2. 通过查询单板告警和性能，均无抑制。OTU 单板的接收光功率、FEC 配置、速率配置都正常；通过尾纤自环，确认 OTU 单板工作正常，尾纤正常。

结论：由于原来单板工作正常，新扩容单板出现性能变差的情况，可以推断系统调测应该没有问题，光缆基本正常，需要从单板个体差异找原因。

3. 查询单板 RMON 计数，确实计数较小，A 站点收和 C 站点发存在明显差异。查询产品文档并咨询厂家，确认无已知问题，且所使用的中继单板和 LSX 单板对接不存在问题。

结论：LSX 单板收发 RMON 计数不一致，怀疑线路连纤存在问题。

4. 再次使用下插 TTI 方式排查连纤：A 站点 TN13LSX 单板下插的 B 站点 TN12ND2 可以接收，B 站点下插的 TTI，C 站点可以接收到，连纤不存在问题。继续下插 PM 层 TTI，A 站点下插的 TTI，C 站点无法收到。再次查看 A 站点的 RMON 计数，发现 A 站点 LSX 本板 RMON 计数收发完全一致，判断故障原因为 TN12ND2 中继板连纤错误，导致业务环回。

5. 将 ND2 单板正确连纤后，业务恢复正常。

四、总结建议

1. 遇到波分单板无任何异常告警和性能，但对接设备业务不通时，可以考虑是线路存在光纤环回。

2. 在判断连纤关系时，如果中间有中继板，需下插 PM 层 TTI 来判断端到端的连纤关系。

3. 单板光纤连接需严格按照设计文件连接，点内做验证。

案例 2　华为 OTN 设备移设重启后业务中断

一、问题描述

如图 7-3 所示，某局点采用 OSN6800 设备组网，其中 B 站点移设重新加电，设备正常启动后，C 站点 196.00 THz 波长的 TN12LSX 单板上报 OTU2 _ LOF 告警，业务中断。

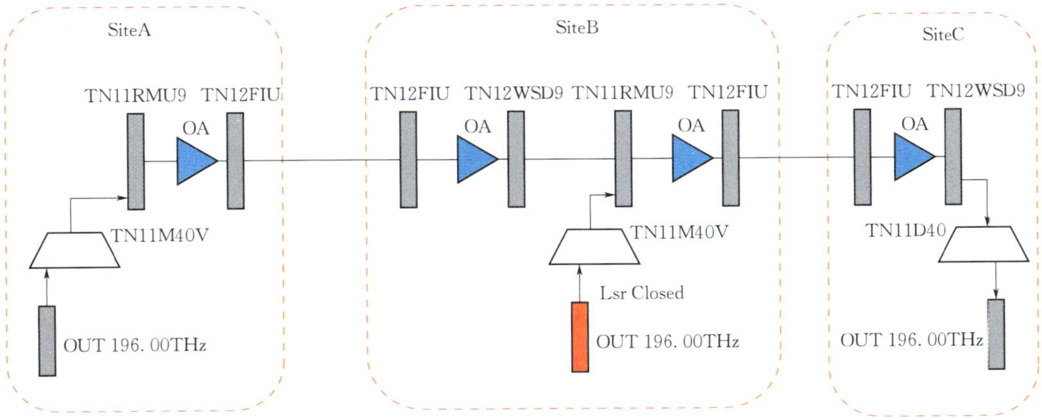

图 7-3　站间配置

业务路由：A—C 站点之间对开业务，该波长在 B 站点光中继穿通，业务承载单板为 TN12LSX，波长为 196.00 THz。

二、问题分析

1. C 站点 TN12LSX 单板输入光功率过高或者过低。
2. C 站点 TN12LSX 单板波分侧配置不一致。
3. 单板故障(包括 OTU 单板和光层单板)。
4. 光缆或尾纤故障。
5. B 站点故障,导致该波长引入噪声过大。

三、处理过程

1. 检查 C 站点 TN12LSX 单板性能、配置,接收光功率为正常范围,业务配置和 A 站点 TN12LSX 单板一致;排除单板配置错误和单板输入光功率异常导致系统上报 OTU2 _ LOF 告警。

2. 在 B 站点使用 TN11MCA8 单板扫描 B 站点接收 A 站点各波长光功率,未发现异常。扫描 B 站点发送至 C 站点的各波长光功率,发现 196.00 THz 波长光功率偏高,初步确认,故障原因可能为 B 站点 196.00 THz 波长的光功率异常,引入噪声过大。

3. 检查 B 站点配置为光交叉的 196.00 THz 波长,其设置的衰减值正常。删除该光交叉,发现 C 站点 TN12LSX 单板上接收光功率仍然异常,确认是 B 站点故障。

4. 对 B 站点单板进行检测,OA 以及 WSD9 和 RMU9,确认单板工作正常。

5. 关闭 A 站点 TN12LSX 单板波分侧发送激光器,发现 C 站点收光正常,无告警,证明关断 A 站点 196.00 THz 波长后,C 站点仍然接收到 196.00 THz 波长。

6. 由此确定,B 站点发 C 站点方向存在 196.00 THz 波长上报,导致波长冲突。

7. 在 B 站点使用 TN11MCA8 单板扫描各纬度的接收波长,确认 B 站点本地 M40V 单板上存在 196.00 THz 波长。

8. 核查 B 站点 M40V 单板上接入的 196.00 THz 波长单板。

9. 经确认该单板为近期新扩容,由于暂时不开业务,当时对该单板做了关闭波分侧激光器和删除逻辑单板的操作,关闭该单板激光器,业务恢复。

10. 为避免再次发生,设置该单板对接 M40V 单板端口衰减值为最大值,以彻底阻断该单板波长进入系统。

四、总结建议

对于类似场景,应该通过设置 M40V 单板上衰减为最大值方式来阻断波长,而不应该通过关闭激光器和删除逻辑板的方式来规避波长冲突。

案例 3　华为 OSN8800 从子架修改子架 ID 主控板复位

一、问题描述

某局点使用 OSN6800/8800 组成波分环网 ODU*k* 保护,其中环一和环二有一节点 C 共用,如图 7-4 所示,该节点共有 6 个子架,分别为 0、1、2、3、4、5,其中 0 和 5 为 OSN8800 设备,其他为 OSN6800 设备。按照设计方案,环一和环二需要分离开,即进行拆环操作,如图 7-5 所示。把该网元的3、4、5子架分离开，作为一个单独的网元，因此需要将三个子架的子架ID进行修改，5修改为0，3和4分别修改为1、2，割接窗口内，把5子架的EFI1单板拨码为0，子架掉电重启，重启后该OSN8800子架的主控板不停复位，导致子架ID修改不成功，割接无法继续。

图7-4　拆分前组网示意图

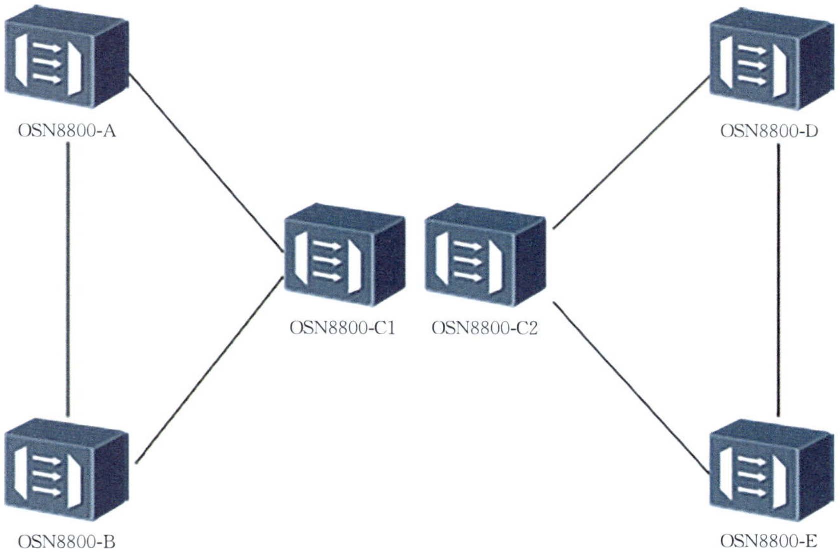

图7-5　拆分后组网示意图

二、问题分析

1. 设备硬件问题导致OSN8800设备作为从子架修改为主子架后，设备无法运行。

2. 从子架SCC单板硬件故障导致OSN8800设备作为从子架修改为主子架后，设备无法运行。

3. 从子架 SCC 单板数据库错误导致 OSN8800 设备作为从子架修改为主子架后，设备无法运行。

4. 从子架 EFI1 单板硬件故障导致 OSN8800 设备作为从子架修改为主子架后，设备无法运行。

三、处理过程

1. 按照 OSN8800 修改子架 ID 指导，EFI1 单板拨码，拨码后子架进行掉电重启，修改子架 ID 流程没有问题，分析设备硬件有问题。

2. 按照 OSN8800 子架 ID 修改流程进行修改，掉电重启后 SCC 单板不停进行复位，怀疑 EFI1 单板拨码未成功，重新拨码确认无误后再次掉电重启，SCC 单板仍旧在不停复位。

3. 怀疑 EFI1 单板存在故障，使用割接备件进行替换，重新拨码后再次掉电重启，SCC 单板仍旧在不停复位，可见此故障与 EFI1 单板没有关系。

4. 由于网元 SCC 单板存在主备保护，在设备上进行插拔主用主控操作倒换，倒换后原备主控板开始不停复位。

5. 把 OSN8800 设备的其中一块 SCC 单板拔出来，单主控运行，进行拨码操作后，SCC 单板还是在不停复位。通过以上操作，可以确认此次修改子架 ID 与 EFI1 和 SCC 单板无关。

6. 把子架 ID 修改为 6，复位后子架运行正常。通过此步骤确认，设备硬件正常，子架 ID 可以修改，只是无法修成 0，即无法使设备修改为主子架。

7. 通过 OTN 设备主从子架的工作原理可知，作为从子架，SCC 单板只作为监控管理作用，而作为主子架，SCC 单板涉及数据库操作，主从子架的 SCC 单板作用有所区别，分析判断为 5 子架的 SCC 单板作为主子架使用时数据库错误导致设备无法启动。

8. 现网 OSN8800 的 SCC 单板为 52SCC，通过拨码 J21 为 1011，进行数据库清库操作。

9. 把 5 子架重新拨码为 0，掉电复位，等待一段时间后，设备运行正常，子架 ID 成功修改为 0。

四、总结建议

1. OSN8800 设备主子架 SCC 作用

(1)实现主、从子架单板进行通信。

(2)与从子架 SCC 通信，收发从子架 OTN/OSC 单板上的 DCN 信息。

(3)控制从子架 SCC 开销交叉配置。

(4)与从子架 SCC 通信，收发主 SCC 和从子架单板间的紧急消息。

2. OSN8800 设备从子架 SCC 作用

(1)实现从子架 RS-485 通道和子架间紧急通信间的消息转发。

(2)接收从子架 OTU 单板 DCN 开销并提取出 ECC/IP 信息包，通过子架间普通通道传送到主 SCC。

(3)接收主 SCC 的开销交叉控制命令。

3. OSN 8800 设备主控板 SCC 清库方法

通过 SCC 单板上的 BIOS 运行模式跳线进行设置，51SCC 和 52SCC 单板的跳线方式不同，52SCC 通过 J21 跳线为 1011 进行清库；51SCC 单板通过 J42 为 1101 进行清库。

五、知识扩展：主从子架 ID 分配

OptiX OSN8800 T16 主从子架 ID 分配是通过 EFI 单板拨码开关实现的。AUX 单板的液晶面板上显示该子架的 ID，显示“EE”表示子架 ID 错误或不能读取到子架 ID。

OptiX OSN8800 T32/T64 主从子架 ID 分配是通过 EFI1 单板拨码开关实现的。SCC 单板的液晶面板上显示该子架的 ID，显示“EE”表示子架 ID 错误或不能读取到子架 ID。

OptiX OSN8800 平台子架的主从子架 ID 分配是通过 AUX 单板拨码开关实现的。EFI 单板的液晶面板上显示该子架的 ID，显示“EE”表示子架 ID 错误或不能读取到子架 ID。

OptiX OSN8800 通用型平台子架的主从子架 ID 分配是通过 EFI 单板拨码开关实现的。EFI 单板的液晶面板上显示该子架的 ID，显示“EE”表示子架 ID 错误或不能读取到子架 ID。

案例 4　华为 OTN 网络由于光缆类型错误导致 10G 波道产生误码

一、问题描述

如图 7-6 所示，某局点处理华为 OTN 系统 A、B 站点间主用光线路光功率降级问题，处理后两站间收光功率均得到提升并达标。但 A 站点多个 10G 单波同时上报 BEFFEC _ EXC 告警。

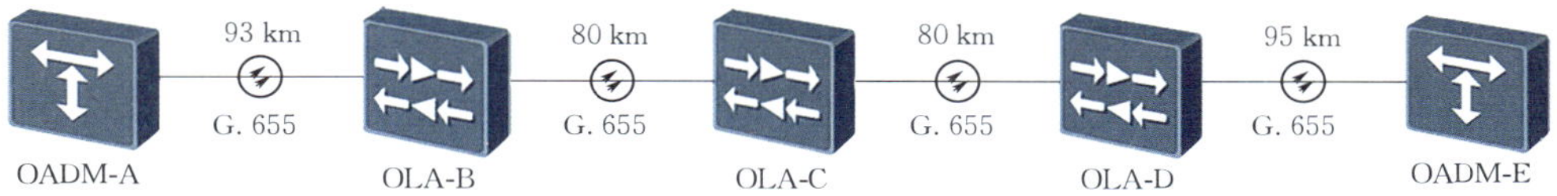

图 7-6　OTN 设备 OMS 段组网示意图

二、问题分析

A—E 站点为网络中的 1 个 OMS 段采用线路侧 OLP 保护（OTS1＋1），查询 A 站点 10G 单板产生 FEC 纠错前告警。检查 A—B 站点间线路侧主光功率、OSNR 以及纤缆接续均正常，排除以上原因。经核实为光缆割接中将 G. 655 光缆更换为 G. 652 光缆，确认为光缆类型错误引起色散补偿异常，导致上报 BEFFEC _ EXC 告警。

A—E 站点整个 OMS 段全长共计 348 km 采用 10G 系统组网，其中 G. 652 光缆典型色散系数为 17 ps/(nm · km)，工程计算中一般取最大值 20 ps/(nm · km)；10G 单板色散容限通常为 800 ps/nm，则传输受限距离为 40 km，工程中以 30 km 为下限进行色散补偿。G. 655 光纤的典型色散系数为 4. 5 ps/(nm · km)，工程计算中一般取最大值 6 ps/(nm · km)；同样传输 10G 信号其传输受限距离为 130 km。由于 G. 652 和 G. 655 色散系数差异过大，如果光缆更换错误，会导致系统色散严重过补或者欠补，从而出现光功率正常、OSNR 正常，但是纠错前误码很差，严重时上报 BEFFEC _ EXC 告警。

三、处理过程

1. 查询 A—B 站点间主光功率达标，确认放大板和 N 板光功率调节正常。
2. 查询 A 站点 MCA 单板扫描的 OSNR 值，发现 OSNR 都大于 18。

3. 通过设置 A/E 站点 N 板的 SM 开销的 TTI 字节，确认现场纤缆没有接错。

4. 通过上述步骤，排除线路衰耗、光功率、信噪比的影响，需要检查色散因素。

5. 考虑是割接光缆后产生告警，同时系统为 10G 系统，怀疑光缆类型错误。

6. 通过现场检查光缆型号，发现在处理光功率问题时不慎将 A—B 站点间的 G. 655 光缆更换为 G. 652 光缆。

7. 重新将光缆调整为 G. 655 光缆后，BEFFEC _ EXC 告警消失，查询 10G 单板 FEC 符合要求。

四、总结建议

1. 目前色散问题主要集中在 10G 系统，100G 系统由于采用相干技术避免了该问题，对于 10G/100G 混传系统可以通过 100G 单板性能查询色散变化情况，从而快速确认光缆类型是否发生变化。

2. 对于后续涉及 10G 系统的光缆问题处理后，在核实光功率正常的基础上，还需要查询 N 板性能，确认纠错前误码率是否满足要求，可能会出现纠错前误码率降低，但是没有严重到上报 BEFFEC _ EXC 告警。

3. 对于 10G 系统或者 10G/100G 混传系统，在维护中因站点搬迁、OLP 备缆引入等，若线路里程发生变化，则需要重新计算评估色散指标，确定是否需要对色散补偿进行调整。老旧光缆改造，涉及光缆型号变化，如 G. 652 改为 G. 655，也需要重新调整色散补偿。色散指标是否合适可以通过 10G 单板 FEC 性能进行辅助判断。

案例 5　华为 OTN OLP 光线路保护不中断业务进行物理路由调整

一、问题描述

某局华为 OTN 系统 A—B—C—D 为 1 个 OMS 段，A、D 站点为 OTM 站点，采用 OSN8800＋6800 设备，B、C 站点为 OLA 站点，采用 OSN6800 设备，站点之间通过 OLP 单板实现光线路保护(OTS1＋1)，由于自然灾害，B—C 之间主用路由光缆中断，业务倒换至备用路由。网络拓扑如图 7-7 所示。

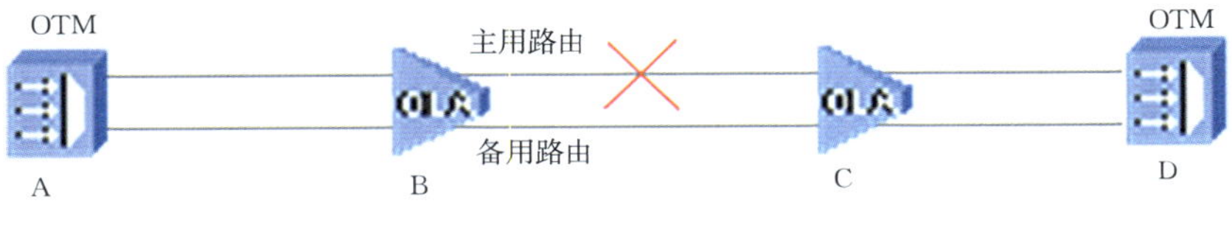

图 7-7　OTN 设备组网示意图

由于现实条件限制，B—C 站点之间主用路由光缆短期内无法修复，此时 B—C 站点之间只剩下一条备用路由光缆，一旦 B—C 站点备用路由光缆中断，所有经过 B—C 站点的业务将全部中断，存在极大的安全隐患，因此考虑绕过 B—C 站点，在不中断业务的情况下调整物理路由 A—B—C—D 为 A—E—F—G—D，A、D 站点配置不变，E、F、G 站点为新建站点，采用 OSN8800 设备，站点之间通过 OLP 单板实现光线路保护(OTS1＋1)，调整后的网络拓扑如图 7-8 所示。

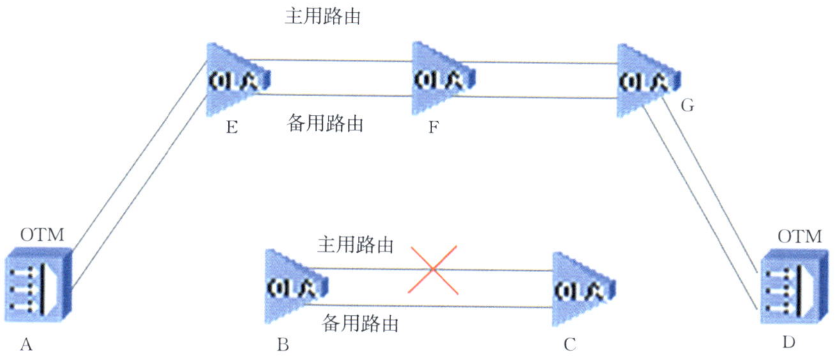

图 7-8 OTN 设备调整后组网示意图

二、处理过程

1. E、F、G 站点各新建 1 台 OSN8800 设备，配置类比 B、C 站点，并按照设计文件布放设备纤缆，其中 A—E、G—D 之间到 ODF 主备用路由跳纤可以提前布放到位。

2. E、F、G 站点新建设备进行硬件自检并加电。

3. E、F、G 站点新建设备进行单站调测。

4. 测试并记录 A—E、E—F、F—G、G—D 站点之间主、备用光缆距离及衰耗值。

5. D 站点设备临时扩容 1 块 ST2 单板与 G 站点 ST2 单板通过备用路由光缆对接，作为一条临时 ECC 通道，E—F—G 站点之间主备用光缆按照设计文件跳接，打通光路，通过 D—G 之间的临时 ECC 通道把 E、F、G 站点设备拉上网管。

6. 按照网管规划修改 E、F、G 设备网元 ID，确认网元是否有硬件类告警，并按照版本规划对网元进行主机软件升、降级。

7. 按照设计文件创建 E、F、G 设备逻辑连纤及 OLP 光线路保护组。

8. 网管把 A 站点收 B 站点的 OLP 光线路保护强制倒换到保护通道，D 站点收 C 站点的 OLP 光线路保护强制倒换到保护通道，观察业务是否正常，无异常后进行下一步操作。

9. 在 A 站点机房断开收 B 站点方向的 OLP 单板主用通道（OLP 板的 TO1/RI1 口）的光纤，然后跳接至 E 站点主用方向的光缆 ODF；在 D 站点机房断开收 C 站点方向的 OLP 单板主用通道（OLP 板的 TO1/RI1 口）的光纤，然后跳接至 G 站点主用方向的光缆 ODF。

10. E 站点收 A 站点方向的 OLP 单板主用通道（OLP 板的 TO1/RI1 口）的光纤跳接至 A 站点主用方向的光缆 ODF，G 站点收 D 站点方向的 OLP 单板主用通道（OLP 板的 TO1/RI1 口）的光纤跳接至 D 站点主用方向的光缆 ODF。

11. 按照设计文件及系统标称值调测 A—E—F—G—D 系统主用通道，确保 A、D 站点相应 OLP 单板主用通道收光跟备用通道收光基本持平，主用通道状态为正常态。

12. 网管清除 A、D 站点 OLP 光线路保护组强制倒换状态，然后分别把 A、D 站点 OLP 光线路保护组人工倒换回工作通道，观察业务是否正常，待业务无异常后进行下一步操作。

13. 断开 G—D 之间的临时 ECC 通道，参照 9～10 步骤跳接 A、D、E、G 站点 OLP 单板备用通道（OLP 板的 TO2/RI2 口）光纤至对应光缆 ODF。

14. 按照设计文件及系统标称值调测 A—E—F—G—D 系统备用通道，确保 A、D 站点相应 OLP 单板备用用通道收光跟主用通道收光基本持平，备用通道状态为正常态。

15. 待光路稳定后，分段做 OLP 光线路保护倒换测试，确保每段光缆主、备路由倒换正常，倒换时间小于 50 ms。

16. 拆除 D 站点临时扩容的 ST2 单板。

三、总结建议

1. 新建设备安装完成加电之前，一定要进行硬件自检，避免人为损坏设备硬件。

2. 设备操作入网前，一定要做好单站调测工作，如修改网元 ID、主机软件升、降级等操作。避免设备入网承载业务后再进行此类操作，影响业务，人为加大操作难度。

3. 操作前一定要对光缆进行测试，确保光缆性能满足系统指标要求。

4. 操作前网管操作人员和现场人员一定要做好沟通准备，共同熟悉操作方案、操作流程和操作步骤，避免人为操作失误。

5. 操作时一定要做好流程把控，关键操作步骤一定要确保无异常后再进行下一步操作。

6. 操作完成后务必要做好倒换测试和业务验证。

案例 6　华为骨干环 SDH 系统单站设备倒接搬迁

一、问题描述

华为某骨干环 SDH 系统 B 站点即将从旧调度楼 5 层搬迁至新调度楼 8 层，影响电路分两类：一是 B 站落地电路；二是 B 站站点穿通电路。因 SDH 环网络自愈性，穿通电路可受保护，然而 B 站点、B 扩站点落地电路，将因此次搬迁施工造成中断。采用以下搬迁实施方案，可有效降低电路中断时长，如图 7-9 所示为某骨干环 SDH 系统网络拓扑，主架 B 站点至 B 扩站

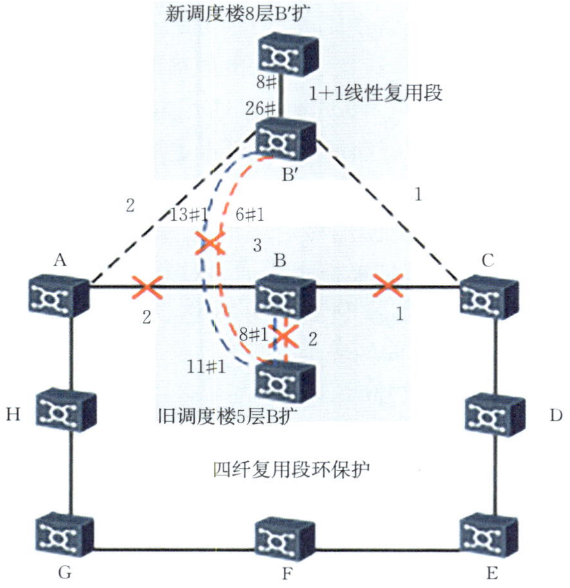

图 7-9　SDH 设备网络拓扑

点间采用 1+1 线性复用段保护。

二、问题分析

1. B 站点搬迁，若采取直接搬迁的方式，则 B 站点上下电路均中断，直至搬迁结束电路恢复。

2. 采取设备替换法，在搬迁楼层 8 层新放置一套 SDH 主架设备 B′及 B′扩，板件配置及其版本与 B 站点及 B 扩站点完全相同。

3. 利用复用段环网倒换机制及 1+1 线性复用段保护机制，有序倒接线路连接，减少电路中断时长。

三、处理过程

1. 网管添加新调度楼 8 层新增主架 B′站点设置 ID 为 6072、扩架 B′扩站点设备 ID 为 6272，且单站调测正常。原网元主架 B ID 为 6022，扩架 B ID 为 6222。

2. 设置新 8 层新设主架 B′站点对应 A 方向、C 方向、老 B 扩架方向、新 B′扩架的复用段参数。

3. 配置新 8 层新设主架 B′站点所有穿通时隙，配置落地时隙使用 6#1 对老 B 扩架 8#1 方向所有落地时隙。

4. 备份网元数据库，告警屏蔽、告警数据备份，性能数据备份。

5. 断开图中 1 位置 B—C 间主备光纤，调整至 B′—C 间主备光纤连接，板位端口均不变，上载 B′—C 间保护方式。

6. 断开图中 2 位置 A—B 间主备光纤，调整至 A—B′间主备光纤连接，板位端口均不变，上载 A—B′间保护方式；同时断开图中 2 位置 B—B 扩间主备光纤，调整至 B 扩—B′间主备光纤连接，板位端口均不变，上载 B 扩—B′间保护方式。

7. B 站点上下落地电路通过光纤恢复网络连接后，电路恢复。

8. 拆除 B′6# 至 B 扩 8# 落地电路，配置到 B′ 26# 至 B′扩 8# 落地，逐一完成电路配置。

9. 拆除图中 3 位置 B′—6# 至 B 扩 8# 保护组，并断开主备光纤。此时，已完成 SDH 设备从 5 层至 8 层的搬迁工作。

10. 删除原网元，并修改回新网元主架 B′ ID 为 6022，扩架 B′ ID 为 6222。

11. 搬迁工作结束后，关闭新建环网 A—B′间主、备用通道端口激光器，验证四纤复用段环协议启动区间为 A—B′，其余站点穿通态；待环网倒换恢复，关闭 B′—B′扩主用通道端口激光器，验证 1+1 线性复用段备用通道正常启动。

四、总结建议

1. 建议搬迁实施采用设备替代的方法，避免直接搬迁造成电路业务长时间中断。

2. 在替代设备时，应充分利用网络保护机制，优先恢复网络连接，可尽快恢复中断电路；再进行电路时隙拆分配置完成物理迁移，可最大限度减少电路中断时长。

3. 做好搬迁收尾工作，完成台账修订、网元信息 ID 的修改，拆除原有光纤连接时，同时删除原有保护组。

4. 搬迁结束后，验证新建环网四纤复用段环、1+1 线性复用段保护功能。

第三篇　附属设备篇

第八章　华为 BITS

案例 1　BITS V3 多块单板离线，显示单板丢失告警

一、问题描述

某局点发现 BITS V3 设备上所有单板都上报单板丢失告警，查看面板，除 MITU 单板，其他单板都是不在位状态，但是业务正常，如图 8-1 所示。

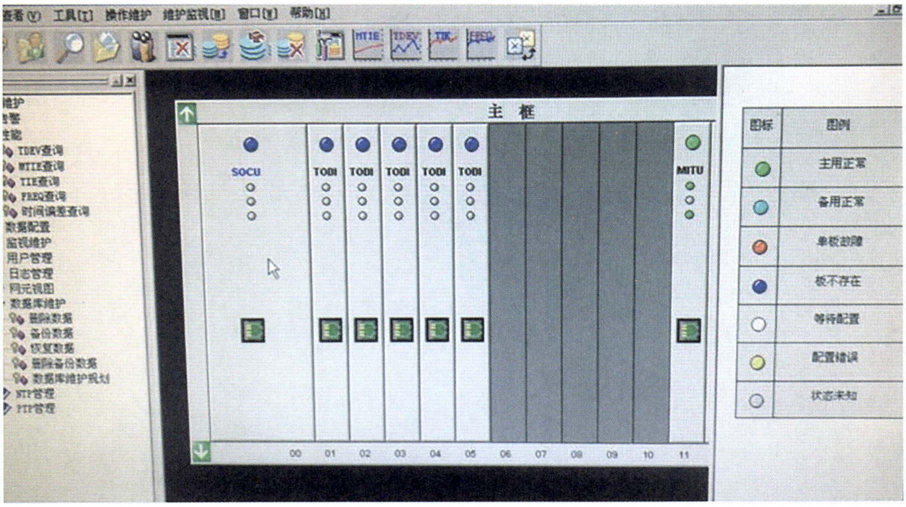

图 8-1　BITSV3 网管单站时钟面板

二、问题分析

1. 由于多块单板都存在不在位的情况，首先考虑 MITU 单板可能故障，拔插和更换 MITU 单板后，发现 MITU 单板都能正常启动运行，但是其他单板依旧不在位。

2. BITS V3 设备单板都是通过背板 RS-485 通道和主控进行通信，所以可能存在某一块单板故障或者堵塞总线，从而导致其他单板也不能正常通信的情况。

3. 由于通信总线堵塞，没有其他更多告警上报，所以无法确定具体由哪一块单板导致，只有申请天窗时间对 1～5 槽 TODI 单板和 SOCU 单板依次拔插复位排查。当复位到 5 槽 TODI 时网元单板监控恢复正常，所以确定 5 槽 TODI 单板堵塞总线导致。

4. 问题根源在于其中一块单板堵塞 RS-485 通信总线导致所有单板不在位。

三、处理过程

通过逐一拔插找出导致通信总线堵塞的单板，更换单板。

四、总结建议

若 BITS V3 设备出现大量单板不在位的情况，除考虑 MITU 单板故障外，还可考虑是由于某块单板故障导致。

案例 2　BITS V3 设备由于 MAC 地址丢失导致设备脱管

一、问题描述

如图 8-2 所示，某局点 SYNLOCK 集中维护终端管理的一套 BITS V3 设备突然脱管，电脑 ping 设备无法 ping 通。

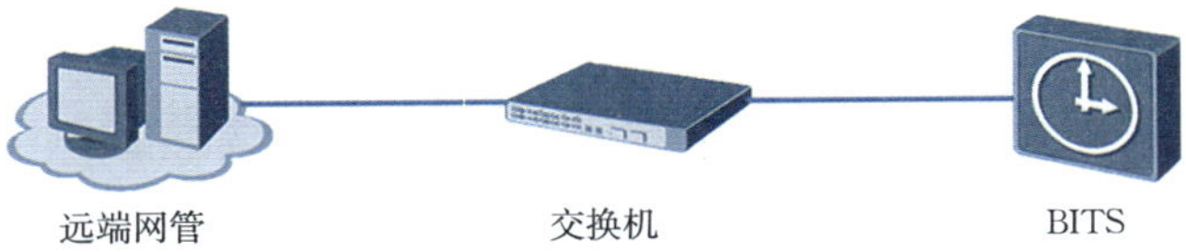

图 8-2　BITS 网管监控连接示意图

二、问题分析

1. BITS 设备故障。
2. DCN 网络故障。
3. 设备连接问题。
4. 地址异常。

三、处理过程

1. 设备脱管，远程无法操作，准备好备件，现场处理。
2. 到达现场后，首先使用自带的笔记本电脑（安装有 SYNLOCK 集中维护终端）直连设备进行 ping 测试，正常 ping 通，打开网管能够监控设备，证明设备正常。
3. 将对接设备的网线直接插到笔记本电脑上，与远端网管对 ping 测试，正常 ping 通，证明中间 DCN 网络正常。
4. 经过多次测试，包括网线等都已经更换过，如果是远端网管连到设备就是无法 ping 通，设备脱管。
5. 检查组网：通过组网分析，发现上来的 MAC 地址是全 0 的状态，中间交换机对全 0 的 MAC 过滤不通过，修改设备 MAC 为非全 0 后，问题解决。

四、总结建议

设备脱管状态下，远程网管往往需要本地现场工程师协助排障，锁定故障原因。通过以上案例了解整个处理流程。

案例 3　BITS 网管数据库达到最大值问题处理

一、问题描述

如图 8-3 所示，某铁路局集团公司高铁 BITS 网管上报数据库达到最大值提示，告警信息及性能数据无法保存。

二、组网介绍

BITS 监控如图 8-4 所示。

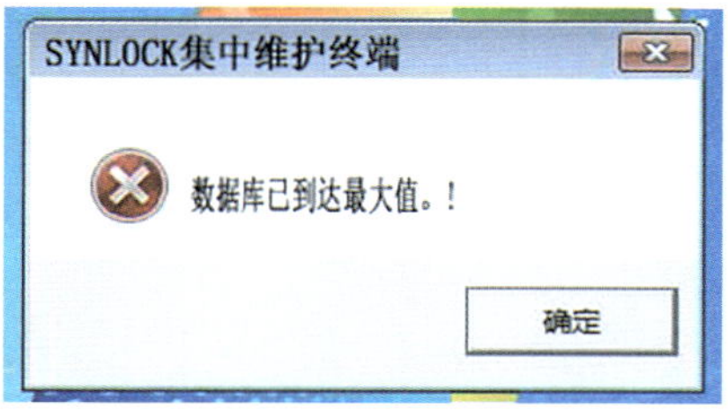

图 8-3　告警示意图

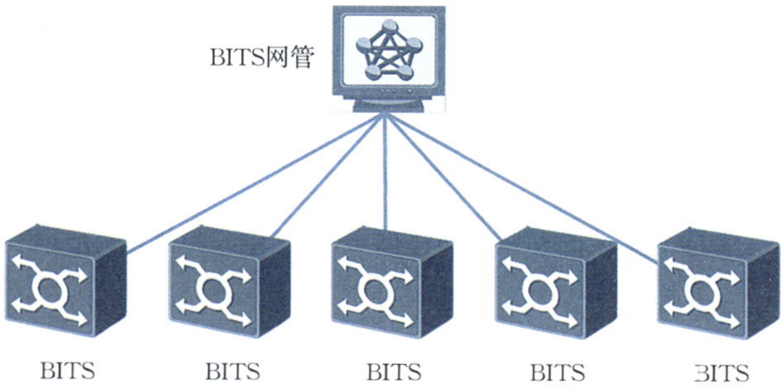

图 8-4　BITS 监控示意图

三、问题分析

1. 磁盘存储空间不足，数据无法写入。
2. 数据库文件损坏，数据无法写入。
3. 其他数据库问题。

四、处理过程

1. 查看网管服务器磁盘空间充足，查询网管告警信息，检查 BITS 设备运行正常，无异常告警，备份数据库。

2. 记录网管版本信息以及 BITS 设备相应网元信息。

3. 将 SynNet. mdb 拷贝备份其他磁盘，将 CompactDB 工具解压到 SynLock 目录中。

4. 关闭维护终端，运行 CompactDB 工具，点击“压缩数据库”，提示压缩失败。

5. 采集数据库文件交研发人员处理，保留数据库中最近 1 个月的告警、性能数据。

6. 将整个 Data 文件拷贝备份至其他磁盘。

7. 关闭维护终端，将 Data 目录下的数据库 SynNet. mdb 文件和备份数据库 SnBak. mdb 文件删除。

8. 将经研发人员处理过的数据库 SynNet. mdb 文件和备份数据库 SnBak. mdb 文件拷贝至安装目录 Data 文件夹下。

9. 核实数据库 SynNet. mdb 文件和备份数据库 SnBak. mdb 文件大小，重新启动 BITS V3 网管登录验证。

10. 查看网管各项功能正常，数据无丢失。

五、总结建议

建议制定数据库维护计划，保留近一年网元的性能数据、历史告警和日志等信息，按月执行，每个月对数据库进行计划备份，每年对一年之前的数据进行计划删除。

案例 4　BITS V3 查询卫星信号 TIE、MTIE、TDEV 曲线不显示

一、问题描述

BITS V3 查询卫星信号 TIE、MTIE、TDEV 曲线不显示。

二、问题分析

1. 曲线查询时，未选择正确的通道和时间。
2. SRCU 单板数据配置未配置卫星信号测试模板和卫星信号测试为 N。
3. 测试参考信号 REF 信号源选择错误。
4. 设置系统时间中终端系统时间不正确。

三、处理过程

通过以上分析步骤逐一进行检查：
1. 在曲线查询时，未选择正确的通道和时间，如图 8-5 所示。
2. SRCU 单板数据配置未配置卫星信号测试模板和卫星信号测试为 N，如图 8-6、图 8-7 所示。

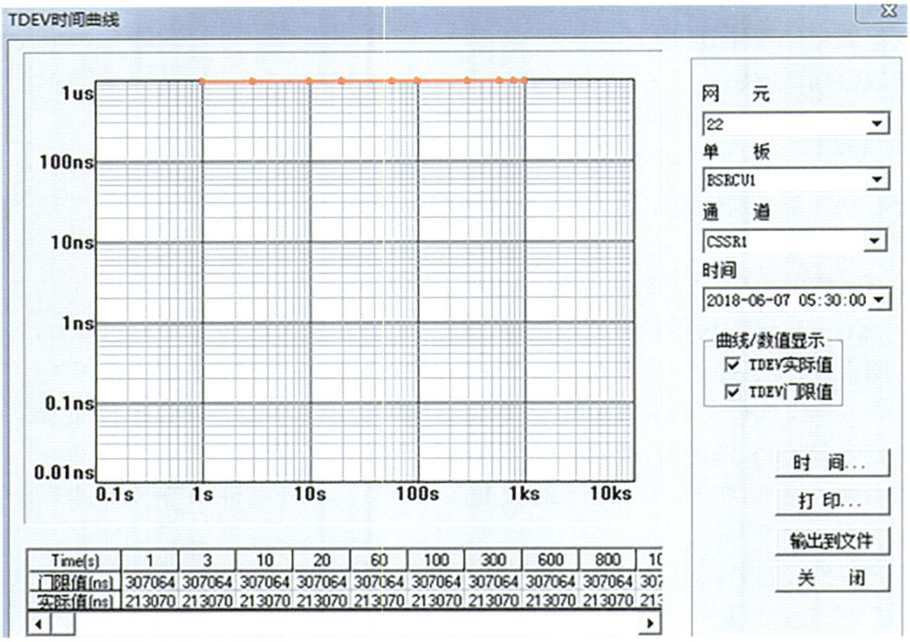

图 8-5　BITS V3 网管 TEDV 时间曲线

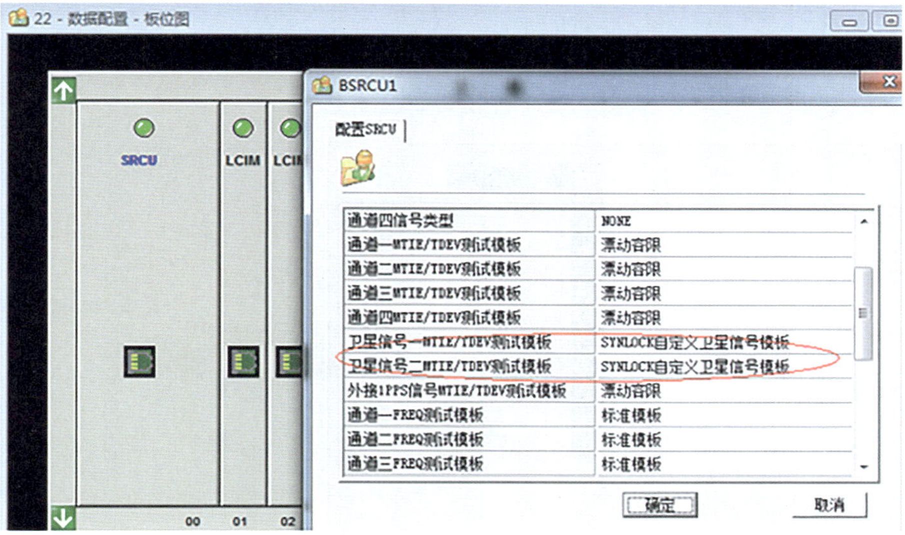

图 8-6　BITS V3 网管 SRCU 配置(1)

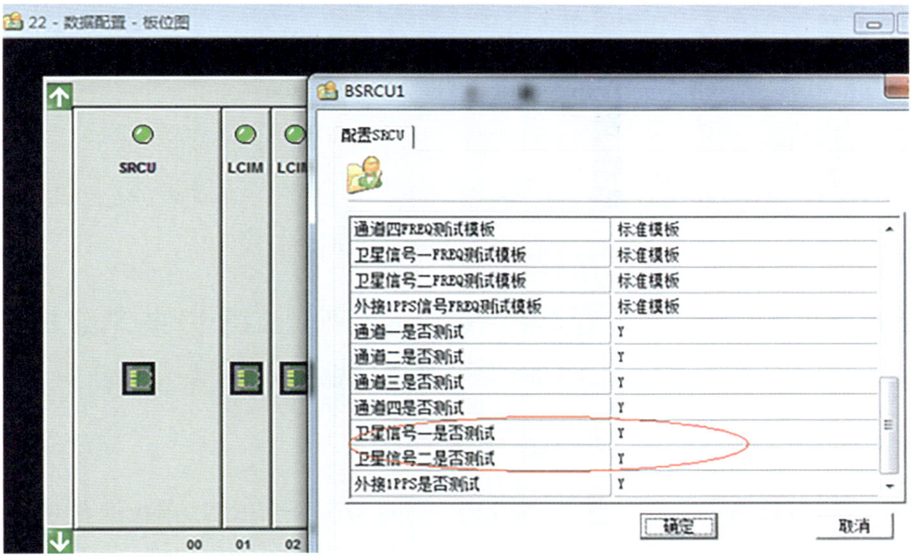

图 8-7　BITS V3 网管 SRCU 配置(2)

3. 选择“配置”→“系统参数”，测试参考信号 REF 信号源选择“错误”，默认选择“CSCLKOUT”，如图 8-8 所示。

4. 设置系统时间中终端系统时间不正确，如图 8-9 所示。

四、总结建议

以上检查配置对 BITS V3 查询卫星信号 TIE、MTIE、TDEV 曲线不显示进行原因总结，通过以上步骤逐一检查基本可以解决曲线不显示问题。

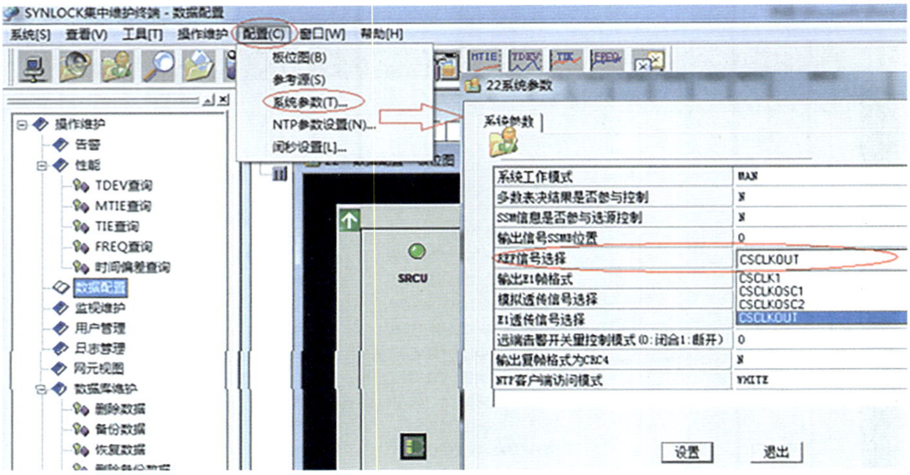

图 8-8　BITS V3 网管系统参数配置

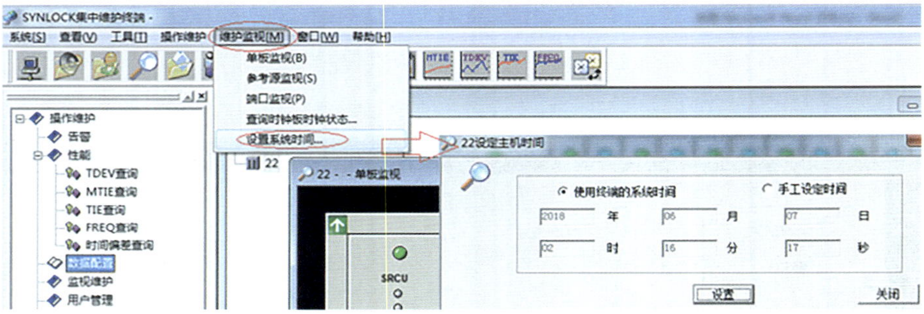

图 8-9　BITS V3 网管系统时间设定

案例 5　GPS 天线安装位置不当导致 BITS 设备不定时上报主用 SRCU 单板硬件故障

一、问题描述

某局点一套 BITS V3 设备，配置主备用 SRCU 单板，主用 SRCU 单板配置 GPS 卫星卡，备用 SRCU 单板未配置 GPS 卫星卡，网管不定时瞬报主用 SRCU 单板硬件故障。

二、问题分析

1. SRCU 单板硬件故障。
2. 同轴电缆问题。
3. GPS 天线故障。
4. GPS 天线安装位置影响。

三、处理过程

1. 插拔主用 SRCU 单板，故障依旧。

2. 将备用 SRCU 单板装上 GPS 卫星卡，插入主用槽位，几天以后故障重现。直接申请更换带 GPS 卫星卡 SRCU 单板，故障依旧。

3. 怀疑为同轴电缆接地问题或漏水短路等，万用表检查后发现同轴电缆没有问题，避雷器也没有问题，为以防万一，更换同轴电缆后故障依旧。

4. 检查 GPS 卫星天线，发现在 GPS 卫星天线附近浇筑布放一个大水箱，怀疑是水箱位置影响 GPS 卫星天线的接收效果，将 GPS 卫星天线远离水箱，并抬高其安装位置，观察一个月后故障未重现。

四、总结建议

SRCU 硬件故障可能原因：

1. 单板或者卫星卡故障。

2. GPS 天线的接收方向或者角度不对，方向是垂直向上的，应该保证天线向上的视野开阔，天线的可视天空部分应大于 50%。

案例 6　传输 E1 通道引入抖动与时延造成时钟地面链路信号质量差

一、问题描述

某局点 BITS V3 设备是一级时钟设备，SRCU 单板为双星子卡，其双模天线能够搜索到 13 颗卫星时钟信号（信噪比超过 47 dBm）并跟随其中一路卫星信号，由于开通条件限制，临时使用传输 E1 通道，为 LZ 西站、ZY 西站、JYG 南站三级设备提供时钟地面链路信号。启用阶段，ZY 西站、JYG 南站三级 BITS-V3 设备经常出现 TIE 指标越限告警，造成外接传输网出现时钟切换告警。BITS 地面链路传输如图 8-10 所示。

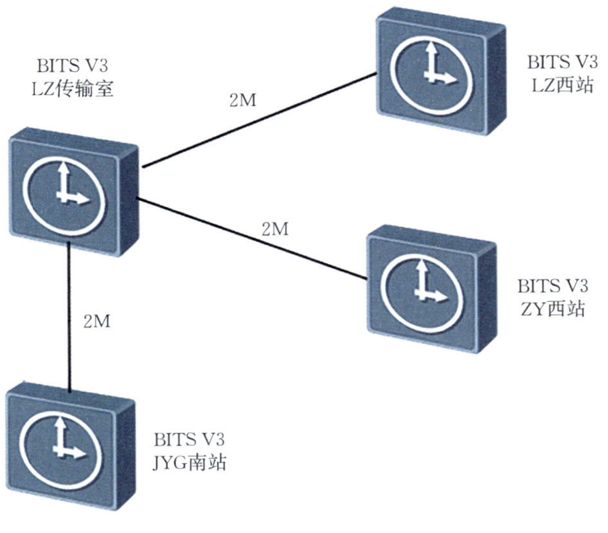

图 8-10　BITS 地面链路传输示意图

二、问题分析

设备当前跟踪时钟源发生故障时，倒换至跟踪备份时钟源或本地时钟源，或者运维人员根据需要手动、强制地进行时钟源倒换时会产生该告警。分析原因有以下 3 点：

1. 网络中时钟设备属性发生变化，导致当前主时钟切换。
2. 链路故障、时钟质量下降、端口 down 导致当前主时钟切换。
3. 使用 manual 或 force 的选源模式，手动切换时钟源。

三、处理过程

1. 查询 LZ 西站 BITS-V3 设备，TIE 指标较好，处于两位数，量级低，质量好。
2. 查询 ZY 西站、JYG 南站三级 BITS-V3 设备，TIE 指标差，处于六位数，量级高，质量差。
3. 检查网络结构发现，传输网跨局对接，因为 SDH 提供的 E1 时钟地面链路通道引入抖动与时延；中间链路为长距离传送、跨局对接造成累计误差，造成时钟质量差。
4. 使用 OTN 网络提供标准 CLK 接口替换 E1 通道，观察 TIE 指标明显好转，经过 24 h，趋于稳定。
5. 确定因传输 E1 通道引入抖动与时延，造成时钟地面链路信号质量差。
6. 恢复 BITS V3 设备与传输网对接关系，时钟切换告警消除，问题处理完毕。

四、总结建议

维护人员需要关注产生倒换的原因，查找问题根源，提供稳定可靠的传输通道，排除故障。可采用下列解决方案：

1. 使用 SDH 设备 AUX 时钟接口板提供时钟信号地面链路通道。
2. 使用 OTN 设备 STI 时钟接口板提供时钟信号地面链路通道。

第九章　华为 NCE 网管系统

案例 1　NCE-T 网管运维面间歇性无法登录

一、问题描述

NCE-T 网管运维面有时无法登录。登录时提示 HTTP Status 404 或者{"exceptionId":" framwork. remote. SystemError"," exceptionType":"ROA _ EXFRAME _ EXCEPTION", "descArgs". null}。有时能打开运维面后，手动注销账号，然后刷新网址，会显示“对不起，您请求的页面不存在”。

二、问题分析

从当前登录的情况看，时而登录正常时而异常，不同客户端登录都存在该问题，基本排除是浏览器和客户网络问题。账号登录主要是受到 Basic Website 服务控制的，从登录管理面查询该服务，发现没有异常，重启后，仍未恢复(该服务在每一个 Common Service 节点都有一个服务，属于负载分担)，分析 legacyshare 目录的位置被误修改。

三、处理过程

通过登录 Common Service 节点后台，发现 legacy share 目录的位置出现更改，正常目录为/opt/oss/legacy share，现网的目录为/opt/oss/NCE/legacy share，将文件的目录修改正确后恢复正常，图 9-1 为现网异常的情况，修改后运维面登录正常。

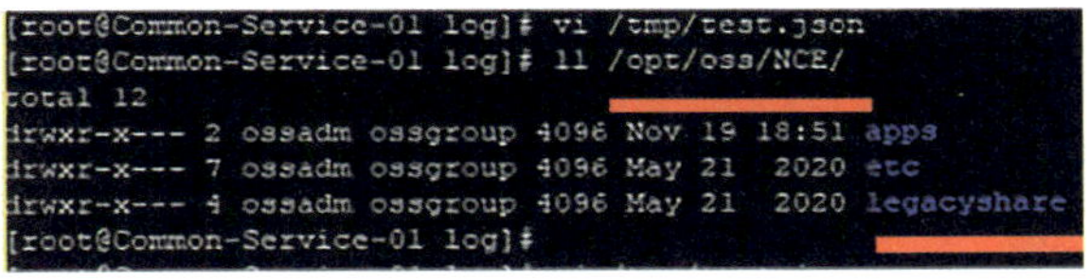

图 9-1　目录查询及更改

四、总结建议

针对页面登录失败问题，优先判断网络连接是否正常，其次更换浏览器尝试登录，排除网络和客户端问题后，登录后台系统判断启动相关目录是否发生异常篡改。

案例 2　NCE 搜索 WDM 路径导致 SDH 业务离散或保护子网丢失

一、问题描述

某局点使用 NCE 在进行业务割接时，搜索 WDM 路径会触发 MSOTN 的虚拟光纤丢失，从而导致管理域中的 SDH 业务离散和保护子网丢失等问题。

二、问题分析

NCE 在进行 WDM 路径搜索时，误触发虚拟光纤的删除操作，导致虚拟光纤丢失，从而引起 SDH 业务离散，保护子网丢失以及路径显示问题。

三、处理过程

1. 如图 9-2 所示，登录运维面，选择“资源”→“纤缆/微波链路”。

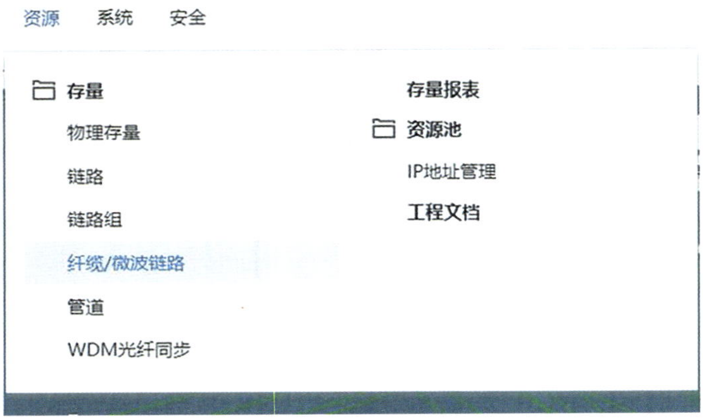

图 9-2　NCE 网管界面(1)

2. 如图 9-3 所示，查看纤缆类型，如果发现存在虚拟光纤，则涉及该问题。

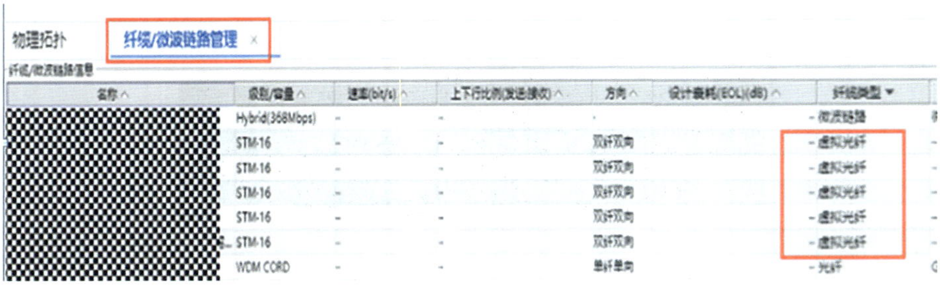

图 9-3　NCE 网管界面(2)

3. 确认此局点使用的 NCE 版本为 V100R019C00CP6022，经咨询厂家此版本涉及此已知问题，需升级补丁解决。

4. 将 NCE 升级至 V100R019C00SPC603，此问题解决。

四、总结建议

WDM 操作引起 SDH 业务异常一般是由于虚拟光纤问题导致，建议先咨询厂家确认版本是否存在已知问题，再进行后续处理。

案例 3　Trap 主机参数配置错误导致网元告警无法上报到 NCE

一、问题描述

某局点无法在 NCE 查看到网元设备的告警或者同步网元告警失败。

二、问题分析

新增网元的 Trap 目的主机时目的参数配置错误。

三、处理过程

1. 单击“网络管理”App，在主菜单中选择“系统”→“网元通信参数”，单击“设置网元 SNMP 扩展参数”，如图 9-4 所示。

图 9-4　NCE 网管界面图(3)

2. 选择所需的网元，查看 Trap 目的主机 IP 地址为 NCE 南向 IP 地址的记录行，查看其“目的参数”值，如图 9-5 所示。

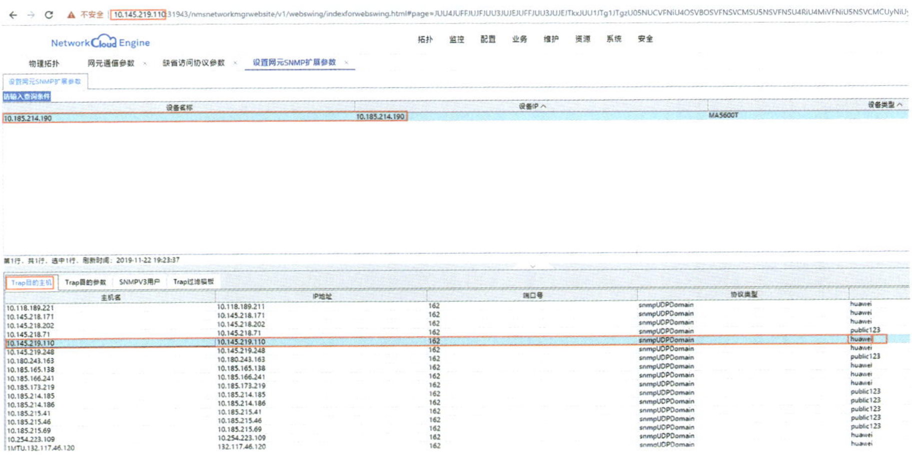

图 9-5　NCE 网管界面(4)

3. 确保该“目的参数”在 Trap 目的参数列表中存在，并且 SNMP 的协议类型与新建网元时使用的 SNMP 协议类型一致。如果不一致，则修改对应 Trap 目的主机的目的参数，如

图 9-6 所示。

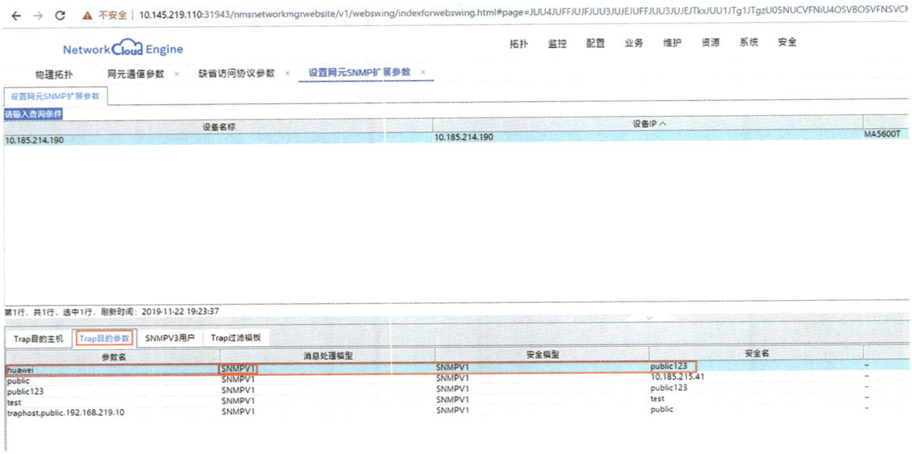

图 9-6　NCE 网管界面(5)

4. 重新执行“同步当前告警”操作，提示“操作成功”，如图 9-7 所示。

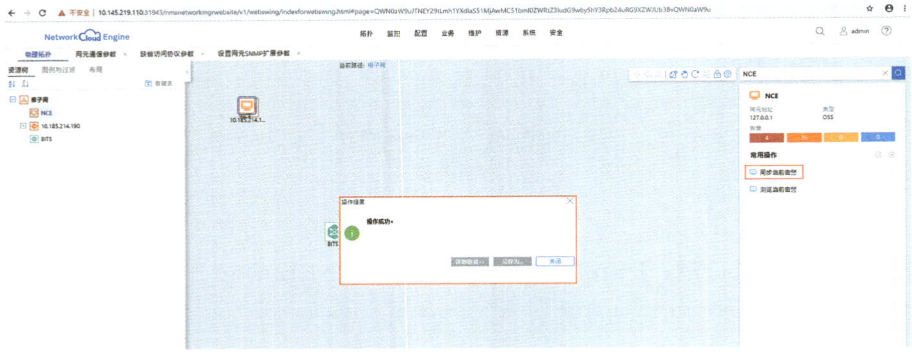

图 9-7　NCE 网管界面(6)

四、总结建议

BITS 设备和数据通信设备的告警上报需要在设备网元上进行 Trap 配置，且配置参数要与网管上的配置一致，否则会出现告警无法上报或告警无法同步的问题。

附录　缩　略　语

英文缩写	英文全称	中文名称
AIS	Alarm Indication Signal	告警指示信号
APS	Automatic Protection Switching	自动保护倒换
AR	Access Router	接入路由器
ASE	Amplifier Spontaneous Emission Noise	自发辐射噪声
AU	Administrative Unit	管理单元
BA	Booster Amplifier	功率放大器
BBE	Background Block Error	背景误块
BDI	Backward Defect Indication	后向缺陷指示
BGP	Border Gateway Protocol	边界网关协议
BIOS	Basic Input Output System	基本输入输出系统
BITS	Building Integrated Timing Supply	大楼综合定时供给
CRC	Cyclic Redundancy Check	循环冗余校验
DCC	Data Communication Channel	数据通信通路
DCM	Dispersion Compensation Module	色散补偿模块
DCN	Data Communication Network	数据通信网
DDF	Digital Distribution Frame	数字配线架
DPSK	Differential Phase Shift Keying	差分相移键控
DR	Designated Router	指定路由器
ECC	Embedded Control Channel	嵌入控制通路
EDFA	Erbium Doped Fiber Amplifier	掺铒光纤放大器
EGNE	Gateway Enhanced Network Element	增强型网关网元
EMS	Element Management System	网元管理系统
ESC	Electrical Supervisory Channel	电气监控通道
FCS	Frame Check Sequence	帧校验序列
FE	Fast Ethernet	快速以太网
FEBBE	Far End Background Block Error	远端背景误码块
FEC	Forward Error Correction	前向纠错
GE	Gigabit Ethernet	千兆以太网
GPS	Global Positioning System	全球定位系统
ICMP	Internet Control Message Protocol	Internet 控制消息协议
ID	Identity Document	身份标识号
IP	Internet Protocol	Internet 协议
LAN	Local Area Network	局域网
LoF	Loss of Frame	帧丢失

续上表

英文缩写	英文全称	中文名称
LoS	Loss of Signal	信号丢失
MAC	Medium Access Control	介质访问控制
MCU	Micro Controller Unit	微控制单元
MPLS	Multi-Protocol Label Switching	多协议标签交换
MS	Multiplex Section	复用段
MSP	Multiplex Section Protection	复用段保护
MSTP	Multi-Service Transport Platform	多业务传送平台
MTIE	Maximum Time Interval Error	最大时间间隔误差
MTU	Maximum Transmission Unit	最大传输单元
NE	Network Element	网络单元(网元)
OA	Optical Amplifier	光放大器
OAC	Optical Access	光接入层
OADM	Optical Add-Drop Multiplexer	光分插复用器
OCH	Optical Channel	光通道
ODF	Optical Distribution Frame	光纤配线架
ODUk	Optical Channel Data Unit	光通路数据单元
OLA	Optical Line Amplifier	光线路放大器
OLP	Optical Fiber Line Auto Switch Protection Equipment	光纤线路自动切换保护装置
OMS	Optical Multiplex Section	光复用段
OP	Optical Protection	光保护
OSC	Optical Supervisory Channel	光信道监控
OSN	Optical Switch Network	光交换网络
OSNR	Optical Signal-to-Noise Ratio	光信噪比
OTM	Optical Terminal Multiplexer	光终端复用器
OTN	Optical Transport Network	光传送网
OTS	Optical Transmission Section	光传输层段
OTU	Optical Transform Unit	光转换单元
OTUk	Optical Channel Transport Unit	光通路帧结构
PA	Pre-Amplifier	前置放大器
PCC	Protection Communication Channel	保护通信通道
P-DPSK	Partial-Differential Phase Shift Keying	局部差分四相相移键控
PM	Path Monitoring	路径监视
PMD	Polarization Mode Dispersion	偏振模色散
PS	Protection Switching	保护倒换
PSK	Phase Shift Keying	相移键控
RMON	Remote Network Monitoring	远程网络监控

续上表

英文缩写	英文全称	中文名称
RPR	Resilient Packet Ring	弹性分组环
RZ-DQPSK	Return-To-Zero Differential Quadrature Phase-Shift Keyed	归零型差分四相相移键控
SD	Signal Degrade	信号劣化
SDH	Synchronous Digital Hierarchy	同步数字体系
SF	Signal Fail	信号失效
SM	Section Monitoring	段开销监视
SNCP	Sub-Network Connection Protection	子网连接保护
SNMP	Simple Network Management Protocol	简单网络管理协议
SSF	Service Signal Fail	服务信号失效
SSM	Synchronization Status Messaging	同步状态信息
STM-*N*	Synchronous Transport Module Level-*N*	*N* 阶同步传送模块
TDEV	Time Deviation	时间偏差
TIE	Time Interval Error	时间间隔误差
TTI	Trail Trace Identifier	路径追踪标识符
TU	Tributary Unit	支路单元
VC	Virtual Container	虚容器
VOA	Variable Optical Attenuator	可调光衰减器
VPN	Virtual Private Network	虚拟专用网络
WDM	Wavelength Division Multiplexing	波分复用
ZXMP	ZhongXing Metro-Transmission Platform	中兴城域传送平台
ZXONE	ZhongXing Optical Transport Network Enhanced	中兴光传送网增强型